DER ISLAM

IM LICHTE
DER BYZANTINISCHEN POLEMIK

VON

DR. CARL GÜTERBOCK,
PROFESSOR DER RECHTE.

BERLIN 1912.
J. GUTTENTAG, VERLAGSBUCHHANDLUNG,
G. M. B. H.

Inhaltsangabe.

Einleitung.

Zwischen dem ersten Zusammenstoß der Scharen Mohammeds mit den griechischen Truppen des Kaisers Heraklius bei Mutha (629) und der Eroberung Konstantinopels durch die Türken liegen mehr als achthundert Jahre. Während dieses langen Zeitraums haben die Kämpfe zwischen dem Islam und dem Römischen Reiche nur vorübergehend geruht. Tatsächlich bestand von kurzen Unterbrechungen abgesehen, ein dauernder Kriegszustand zwischen dem Halbmond und dem griechischen Kreuze. Wenn das Gebot des Propheten, die Ungläubigen mit der Schärfe des Schwerts zu Bekennern Allahs und seines Gesandten zu machen, zunächst nur gegen die Götzendiener, nicht aber gegen die Christen gerichtet war, so schwebte doch schon Mohammed der Gedanke der Errichtung eines Weltreichs der Gläubigen und Unterwerfung aller nichtgläubigen Völker und Staaten vor, und seine nächsten Nachfolger, getragen von der fanatischen Begeisterung ihrer Anhänger zögerten nicht, ihre Kräfte mit den beiden Nachbarreichen, dem persischen und dem griechischen zu messen. Es gelang ihnen im ersten Ansturm, jenes zu vernichten und diesem wertvolle Provinzen in Asien und Afrika zu entreißen. Die Anschauungen der islamitischen Welt waren zwar durch den Gegensatz der Religion, der Nationalität und der Kultur von der griechisch-christlichen durch eine kaum zu überbrückende Kluft geschieden, so daß ein wechselseitiges Verständnis schwer möglich schien; dennoch aber und ungeachtet der auf beiden Seiten bestehenden feindseligen Gesinnung fehlte es nicht an politischen und wirtschaftlichen Beziehungen, die manche Verbindungsfäden zwischen den Gegnern knüpften. Der älteren Kultur gegenüber waren die Araber selbstverständlich zunächst mehr Empfangende als Gebende; es bedarf kaum eines Hinweises auf die Entlehnungen der arabischen Literatur aus den reichen Schätzen griechischen Wissens. Aber auch die Staatsverwaltung, insbesondere das Finanzwesen des Khalifenreichs zeigt, daß man dort die byzantinische Ordnung vielfach zum Vorbilde genommen hat[1]). Die Byzantiner ihrerseits konnten sich gegen Einflüsse des Islams nicht gänzlich absperren, mochten sie auch noch so sehr den Stifter als Betrüger und Lügenpropheten verwerfen. Es ist bezeichnend, daß sie anfänglich die Bekenner Allahs und seines Gesandten für eine Abart des Arianismus ansahen und sie mit andern verhaßten christlichen Sekten auf eine Stufe stellten[2]). Mochte man die neue Religion hassen oder verachten, ignorieren durfte man sie nicht, schon wegen der erstaunlichen Werbekraft, die sie betätigte, vermöge deren sie eine beträchtliche Zahl nicht glaubensfester Seelen zum Übertritt und zum Abfall vom Christentum bewog. Viel seltener war der Fall, daß Bekenner Mohammeds sich zum Christenglauben bekehrten; solche Proselyten pflegte die Kirche besonders hoch zu bewerten.

---

1) H. Prutz, Kulturgeschichte der Kreuzzüge, S. 49 f. Alfred v. Kremer, Kulturgeschichte des Orients, I, 256 ff.

2) Eine Anschauung, die auch im Occident verbreitet war. Prutz, a. a. O. 501

Eifrige Beschäftigung mit Fragen der Religion und dogmatischen Problemen war eine Charaktereigentümlichkeit der Byzantiner. Streitigkeiten über Glaubenslehren, Verteidigung der orthodoxen Kirche gegen abweichende Richtungen und Bekämpfung solcher bewegten die kirchlichen wie die nichtkirchlichen Kreise des Volkes aufs tiefste, und gaben oft genug Anlaß zu stürmischen Kämpfen. Diese Bewegung spiegelt sich in einer apologetisch-polemischen Literatur der Byzantiner wieder[1]). Und wie sich diese Streitschriften gegen Monophysiten, Monotheleten, Armenier und andere Sekten, aber auch gegen die Lateiner und Juden entluden, so wurde auch der Islam in ihre Kreise gezogen.

Eine gerechte Würdigung, ja auch nur der Versuch eines Verständnisses für die weltgeschichtliche Bedeutung des Islams dürfen wir in den Erzeugnissen eines starren, mit übertriebener Selbstschätzung gepaarten Dogmatismus der Byzantiner nicht erwarten. Sie begnügen sich meist, ausgerüstet mit den Waffen biblischer Zeugnisse und scholastischer Dialektik die Lehre des Propheten als lauter Betrug und Lüge und Unvernunft zu bekämpfen, und ihr gegenüber den Christenglauben in um so helleres Licht zu stellen. Auf eine praktische Wirkung, etwa auf Bekehrung ihrer Gegner waren diese Streitschriften nicht berechnet, dazu waren sie mit einem zu großen theologischen Ballast beschwert. Ganz anders hatte Mohammed es verstanden, auf Phantasie und Sinnlichkeit seiner Volksgenossen durch eine ihrem Verständnis angepaßte Sprache einzuwirken.

Die Anfänge der literarischen Auseinandersetzung

---

[1]) Krumbacher, Geschichte der byzant. Literatur. München 1897; der die Theologie betreffende Abschnitt in der Bearbeitung von A. Ehrhardt.

der Griechen mit dem Islam lassen sich bis über die Mitte des achten Jahrhunderts zurückverfolgen. In Byzanz regierten damals die bilderfeindlichen Kaiser Leon III. (717—741) und nach ihm sein vielgehaßter Sohn Konstantin V. (741—775). In der Hauptstadt wie im Reiche tobte der Bilderstreit, ein ebenso theologischer wie kirchenstaatspolitischer Kampf, der Volk und Gesellschaft in zwei unversöhnliche Lager spaltete. Er beschäftigte in Byzanz die Gemüter zu sehr, als daß man hier an andere Streitfragen denken konnte. Der Gegensatz Christi gegen Mohammed trat hier zunächst in den Hintergrund.

Anders im Osten, in den Gebieten der in Damaskus residierenden Omajjaden. Im Gegensatze zu der schroffen Intoleranz der byzantinischen Kirche, die jede Abweichung von ihren Dogmen mit Härte und inquisitionsähnlichen Verfolgungen zu ertöten suchte, wurden die unter den damaligen Khalifen lebenden Christen, rechtgläubige wie Häretiker, keineswegs als Unterdrückte behandelt. Sie genossen, so lange sie der Obrigkeit gehorchten, volle Duldung ihrer Religionsübung, behielten ihre kirchliche Verfassung und blieben auch im Besitze ihrer Kirchen und Schulen. Wenn auch nicht als gleichberechtigte Staatsangehörige, lebten sie doch mit der herrschenden Klasse meist in Ruhe und Frieden; einzelne Christen wurden sogar zu Ämtern am Hofe der Khalifen zugelassen. Von einer Versöhnung der religiösen Gegensätze war allerdings nicht die Rede. In den Augen des Moslem blieb der Christ stets ein Ungläubiger, gegen den man allenfalls Duldung üben durfte; der glaubenstreue Christ mußte seinerseits in Mohammed den Vorläufer des Antichrists und in seiner Lehre das Werk des Satans erblicken.

Auf solchem Boden entstanden die ersten Versuche der griechischen Polemik gegen den Islam. Sie mußten sich hier mit Rücksicht auf die religiösen Anschauungen der Herren des Landes eine gewisse Reserve auflegen; sie durften nicht in gar zu scharfer und verletzender Form vorgehen. Hierin unterschieden sie sich von den später in Byzanz entstandenen weit heftigeren Streitschriften.

Stimmen aus dem Osten.

Johannes von Damaskus. Theodoros Abucara.

Als erster ist hier der als Gegner der Bilderstürmer und als vielseitiger theologischer Dogmatiker berühmte Johannes von Damaskus zu nennen. Er war sarazenischer Herkunft, wenigstens spricht dafür der Name eines seiner Vorfahren, Mansur. Sein Vater Sergios bekleidete ein höheres Amt in der arabischen Verwaltung zu Damaskus und Johannes selbst genoß das Vertrauen des damaligen Khalifen — es war vermutlich Hischam (724—743) — in dem Maße, daß er ihn als Protosymbulos, also in vornehmer Stellung, in seinen Rat berief[1]). Doch gab Johannes diese Stellung bald auf und zog sich, um sich seinen literarischen Arbeiten zu widmen, in das Kloster des Heiligen Sabas in Palästina zurück, wo er noch vor 754 verstorben ist.

In seinem großen dogmatischen Werke, die „Quelle der Erkenntnis" genannt, handelt ein Hauptabschnitt von dem Sektenwesen (*περὶ αἱρεσέων*)[2]). Nachdem er darin die griechisch-philosophischen, die jüdischen und die verschiedenen christlichen Sekten ihrer Zeitfolge nach kurz dargestellt, kommt er auf die jüngste, die der Ismaeliten oder Sarazenen zu sprechen, die ein zur Zeit des Kaisers

---

[1]) Vgl. das Leben des Joh. Dam. bei Migne, Patr. graec. 94, 436 ff.

[2]) Krumbacher, 68—71. Migne, 94, 677 ff. Der volle Titel: *περὶ αἱρεσέων ἐν συντομίᾳ, ὅθεν ἤρξαντο καὶ πόθεν γεγόνασιν.*

Heraklius unter den Arabern auftretender Lügenprophet Mamed (so nennt er ihn) gestiftet habe. Mit Hilfe eines arianischen Mönchs habe er sich flüchtig mit dem alten und dem neuen Testament beschäftigt und seine Volksgenossen durch die Vorspiegelung gewonnen, daß er seine Lehre in einem vom Himmel gesandten Buche empfangen habe [1]).

Auch der Damaszener sieht hiernach in dem Islam nicht die Siftung einer neuen Religion, sondern nur einen den übrigen Häresien analogen Abfall vom reinen Christenglauben. Er wendet sich an die Anhänger mit ironischen Bemerkungen.

„Wie? Gott soll Eurem Propheten das Buch im Schlafe zugesandt haben? Ihr fordert doch bei den einfachsten Geschäften des täglichen Lebens, schon beim Kaufe eines Esels die Zuziehung von Zeugen; wo habt Ihr denn die Zeugen für die Sendung des Propheten?"

„Weil wir an Christus als eins mit Gott und dem Heiligen Geiste glauben, spottet ihr über uns und nennt uns Häteristen (*ἑταιρίσται*), als ob wir Gott einen Genossen gegeben hätten; wenn Ihr aber lehrt, der Logos und der Heilige Geist bestehe getrennt von Gott, so schneidet Ihr der Gottheit ein ihr wesentliches Moment ab, und man müßte Euch daher eher Gottesverstümmler (*κόπτας τοῦ Θεοῦ*) nennen." „Ihr werft uns die Verehrung des Kreuzes als Bilderdienst vor, betet Ihr aber nicht den Stein der Chabata (gemeint ist wohl die Kaaba zu Mekka) an, weil Abraham mit Hagar auf ihm verweilt oder weil er sein Kamel daran angebunden habe? Und doch ist dieser Stein nichts anderes als das Idol einer von Euch verehrten Göttin, deren Züge darauf noch erkennbar sind [2])."

---

[1]) Migne a. a. O. 764 ff.

[2]) Gemeint ist der von den Arabern vor Mohammed verehrte Morgenstern.

Daß Johannes die arabische Sprache beherrscht hat, ist schon wegen seiner amtlichen Stellung sicher; es ist daher auch anzunehmen, daß er den Koran im Urtexte benutzt hat, wie sich aus mehreren Zitaten ergibt[1]).

Unter den Schriften des Johannes von Damaskus findet sich ein kleiner Aufsatz, der ein Gespräch eines Sarazenen mit einem Christen wiedergibt[2]). Disputationen über religiöse Fragen und Probleme — seien es wirklich stattgehabte, seien es gewissermaßen als eine Art Schablone fingierte — sind keine seltene Erscheinung in der byzantinischen Literatur; sie waren eine beliebte Form des Meinungsaustausches mit Andersgläubigen, um den endlichen Sieg des Christentums um so glänzender vorzuführen. Ein Sammlung solcher Gespräche sind von einem jüngeren Zeitgenossen und Schüler des Damasceners Theodoros, genannt Abucara, verfaßt, der diesen seinen Beinamen seiner Stellung als Bischof (Abu = Vater) in Karrhae in Mesopotamien verdankt[3]). Dreizehn dieser Disputationen sind mit Sarazenen vollzogen und diese machen durchaus den Eindruck, daß sie auf Wirklichkeit beruhen und nicht erfunden sind. Abucara wird sich dabei ursprünglich der arabischen Sprache bedient und sie dann griechisch abgefaßt haben[4]).

---

1) So zitiert er: *γραφὴ βοίδιον* = Sure 2; *γραφὴ τῆς γυναικός* = Sure 4; *γραφὴ τῆς τραπέζης* = Sure 5 u. a. m.

2) Migne, Patr. gr. 96, 1336 ff. Der Titel lautet: *Ἰωάννου τοῦ Δαμασκηνοῦ διάλεξις Σαρρακηνοῦ καὶ Χριστιανοῦ.* Eine etwas abweichende Redaktion, deren griechischer Text verloren gegangen ist, ist in lateinischer Übersetzung bei Migne, 94, 1595 ff. mitgeteilt.

3) Über Abucara vgl. die Vorbemerkungen bei Migne, 97, 1440 ff. Daß er Schüler des Damasceners gewesen, schließt man aus der Überschrift eines bei Migne, 94, 1596 mitgeteilten Gesprächs des Abucara "*διὰ φωνῆς Ιωαν. Δαμασκηνοῦ*".

4) Migne, 97, 1504 ff.

Die an solchen Disputationen teilnehmenden Personen sind meist ohne Namensnennung allgemein als Christ und Sarazene (Agarener, Araber) bezeichnet, zuweilen führt sich aber der Verfasser selbst mit Namen als Theodoros Abucara oder als Bischof ein[1]). Die Anregung zu den Unterhaltungen geht stets von dem nicht christlichen Teile aus; sie beginnt mit einer Frage des Sarazenen nach der Bedeutung eines christlichen Glaubenssatzes, z. B. der Person Christi, seiner Göttlichkeit, seinem Verhältnis zum Logos u. a., der dem Frager entweder unverständlich ist oder den er von seinem Standpunkte verwirft. Der angeregte Gegenstand gibt dann dem Christen Veranlassung, die von dem Gegner vorgebrachten Angriffe und Einwände, sei es mit Gründen der Dialektik, sei es durch Berufung auf Zeugnisse der Bibel zurückzuweisen. Es finden sich in die Verhandlungen aber auch Anweisungen eingestreut, wie der Christ etwa den Kunstgriffen eines dialektisch geschulten Gegners begegnen könne[2]). Denn es kam auch vor, daß ein redegewandter, vornehmer Sarazene den Bischof zu einem öffentlichen Redeturnier geradezu herausforderte[3]).

Natürlich enden die Disputationen, wenigstens nach den vorliegenden Berichten, stets mit der Niederlage des Sarazenen, die sich in seinem schließlichen Schweigen kundgibt; in einem Falle — es handelt sich um die Vorzüge der Einehe vor der Vielweiberei — ließ sich der Sarazene zu dem Geständnis herbei, daß Abucara ihn fast zum Christen gemacht hätte[4]). Auf Bekehrung zielten diese Gespräche allerdings nicht ab; sie hatten

---

1) Vgl. Nr. 21—25, Migne a. a. O.

2) A. a. O. Nr. 35—36.

3) Nr. 21—25.

4) Nr. 24. — *μικροῦ με Χριστιανὸν πεποίηκεν.*

einen ausgesprochen apologetischen Charakter, daher finden sich in ihnen nur vereinzelte Angriffe auf Mohammed und seine Lehre, und auch diese in recht glimpflicher Form [1]). Der Bischof war klug genug, es mit seinen andersgläubigen Landsleuten nicht zu verderben.

Zur Charakteristik der oben erwähnten, dem Johannes Damascenus zugeschriebenen Disputation sei einiges aus ihrem Inhalt mitgeteilt.

Sie beginnt mit der Frage des Sarazenen nach dem Urheber des Guten und des Bösen. Wer wie er von der fatalistischen Lehre der unbedingten Vorausbestimmung aller Geschehnisse überzeugt ist, muß Gott auch für den Urheber des Bösen ansehen. Der Christ dagegen betrachtet den Teufel als die alleinige Quelle des Bösen, wenn auch dem Menschen die freie Willensbestimmung (*τὸ αὐτεξούσιον*) von Gott eingeräumt ist. Zum Beweise der Unrichtigkeit der gegnerischen Theorie führt er aus, daß nach ihr die Mörder und Räuber trotz des göttlichen und menschlichen Verbotsgesetzes nicht gestraft werden durften, weil sie ja auch in ihren Schandtaten den Willen Gottes ausgeführt hätten [2]). Weiter fragt der Sarazene nach dem Schöpfer der Kinder im Mutterleibe, mit dem Hintergedanken, daß, wenn dies Gott ist, er auch als Urheber des von dem spätern Menschen begangenen Bösen sein müsse. Dem begegnet aber der Christ mit dem Hinweis, daß Gott nach dem ersten Schöpfungsakte nichts Neues mehr geschaffen habe. Die Schöpfung Adams sei zwar sein Werk, die der Nachkommen aber nicht; eine allerdings sehr seltsame Beweisführung Zum Schluß stellt der

---

[1]) Nr. 19, 20 a. a. O.

[2]) Migne, 96. 1336 ff.

Sarazene noch die Frage, wen man höher zu schätzen habe, den, der heiligt, oder den, der geheiligt werde? Der Christ merkt sofort seine geheime Absicht, Jesus gegen den Täufer herabzusetzen und führt ihn in einer treffenden Antwort ab. „Wenn du in Begleitung deines Dieners ins Bad gehst und dich von ihm waschen und reinigen läßt, so wirst du doch deinen Diener nicht für den Höhern erachten. Ziehe also die Folgerung für Johannes, der Jesus im Jordan taufte.“ Darauf blieb der andere die Antwort schuldig [1]).

Das. Merkwürdigste an dieser Disputation ist aber, daß ihr wesentlicher Inhalt mit vier der Abucaraschen Sammlung angehörigen getrennten Gesprächen übereinstimmt (Nr. 35—38)[2]) und von diesen sich nur — abgesehen von der Zusammenziehung zu einer Unterredung — durch eine Anzahl von Zusätzen und Erweiterungen unterscheidet. Es entsteht daher die Frage, welche von den beiden Redaktionen als die ursprüngliche anzusehen sei. Vergleicht man die Texte miteinander, so wird man sich für den des Abucara entscheiden müssen, denn seine Darstellung ist nicht nur die kürzere, einfachere, sondern auch die originellere. Die Zusätze in dem andern Texte verraten ein wenig geschulte Hand und gewiß nicht die eines Mannes von der Bedeutung des Johannes Damascenus. Daß dieser, wie es in der seinen Namen führenden Disputation geschehen, dem Araber gegenüber die Bestrafung der Juden durch Titus, Vespasian und die Griechen (!!)[3]) als Beweisgrund geltend gemacht haben könnte, ist völlig ausgeschlossen. Die Zusätze zu dem ursprünglichen Texte des Abucara

---

1) Migne, 1345, 48.

2) Migne, 97, 1588 ff.

3) Migne, 1341.

werden vielmehr von einem Überarbeiter gemacht worden sein, und dieser wird auch die Vereinigung der getrennten Gespräche zu einem einzigen bewirkt haben. Er hat sich dabei des Namens des berühmten Theologen als Deckblatt bedient, um seiner Arbeit größeres Ansehen und bessere Verbreitung zu sichern, ein Verfahren, das damals ebensowenig anstößig erschien, wie die wörtliche Entlehnung ganzer Stücke aus fremden Werken, ohne den Autor zu nennen.

So hat auch um die Mitte des elften Jahrhunderts der Bischof Samonas von Gaza ein Gespräch des Abucara über die Transsubstantiation[1]) in einer von ihm verfaßten kleinen Schrift benutzt, in der er auf einer Reise nach Emesa eine Unterhaltung mit seinem Reisegefährten, dem Sarazenen Achmed, über die Bedeutung der Abendmahlslehre wiedergibt[2]).

Bartholomaeos von Edessa.

Eine weitaus schärfere Tonart wie in den bisher besprochenen herrscht in einer gleichfalls aus dem ehemaligen griechischen, fernen Osten stammenden Schrift, die aber einer etwas spätern Zeit angehört. Sie ist „Widerlegung eines Agareners" betitelt und ist von einem in Edessa, der aus der christlichen Legende bekannten Hauptstadt der alten Landschaft Osroëne lebenden Mönch Bartholomaeos verfaßt, von dem wir außer diesem Namen und der Tatsache, daß Edessa seine Vaterstadt gewesen, sonst nichts wissen[3]). Er

---

1) Nr. 22.

2) Migne, Patr. gr. 120, 121 ff.

3) Migne, Patr. gr. 104, 1387 ff. *Βαρθολομαίου τοῦ Ἐδεσσηνοῦ ἔλεγχος τοῦ Ἀγαρηνοῦ.*

nennt sich selbst einen einfachen unwissenden Mönch ohne gelehrte Bildung, und seine Schrift bestätigt dieses Selbsturteil. In rauher, derber Sprache, fast im Tone eines Volkspredigers geschrieben, ist sie ein leidenschaftliches Pamphlet, worin der glaubenseifrige, streitbare Verfasser die Schale seines Zorns über die Feinde Christi, die Anhänger des Lügenpropheten ausschüttet. In fortlaufender Gegenrede und Erwiderung wendet er sich an die Person eines nicht näher bezeichneten Agareners, in der er zugleich alle seine Volksgenossen bekämpft und zu widerlegen sucht. Seine Darstellung läßt den Mangel wissenschaftlicher Schulung erkennen. Sie entbehrt fester Ordnung, springt willkürlich von einem Gegenstande zu einem andern über und leidet an öfteren Wiederholungen, doch fehlt es dem Verfasser nicht an einem guten Maße natürlichen Verstandes, und auch beißender Witz und Hohn stehen ihm zur Verfügung. Der Verfasser versichert — und wir dürfen ihm das glauben — daß er aus den Quellen selbst geschöpft, und nicht nur den Koran, sondern auch sonstige Mohammed betreffende Schriften der Araber und Chaldäer[1]) gelesen und studiert habe. Doch versagt nicht selten sein durch Parteilichkeit getrübtes Urteil; er ist leicht geneigt, Fabeln und Legenden für Wahrheit anzunehmen, sofern sie nur geeignet sind, das Bild des verhaßten Propheten zu schwärzen.

Der Anfang der Schrift ist verloren gegangen, er enthielt die Angriffe des Agareners auf die Grundlehren des Christentums; das zeigt der jetzt vorhandene Eingang, in dem die bekannten Einwände gegen die Person und Doppelnatur Christi wiedergegeben sind. Daran schließt sich der eigentliche Inhalt der Schrift; die Er-

---

[1]) D. h. syrische Christen.

widerung des Verfassers, in denen er die Behauptungen seines Gegners und damit zugleich dessen Glaubenslehre in ihren wichtigsten Sätzen zu widerlegen sucht.

Er beginnt mit dem islamischen Gottesbegriff „Du nennst, ruft er dem Agarener zu, Gott den Erbarmer und Barmherzigen, in Wahrheit ist dein Gott aber kein lebendiges, unsterbliches Wesen, sondern der bei den Arabern von jeher unter verschiedenen Namen verehrte Morgenstern, und auch die Namen Allah oder Samet, womit der Koran beginnt, bedeuten nichts anderes als eine runde, gehämmerte Gestalt[1].“

Den Hauptstoß führt er dann gegen die Person Mohammeds als angeblichen Propheten und Gesandten Gottes. Mit Entrüstung weist er die Anmaßung zurück, ihn, der sich während seines Lebens der schändlichsten Laster schuldig gemacht habe, Christus gleich oder gar über diesen zu stellen. Er sei kein Prophet gewesen, denn er habe weder Zukünftiges vorausgesagt, noch Wunder verrichtet; aber auch nicht Gesandter Gottes; denn für seine göttliche Botschaft fehle jeder Beweis; eher könnte der Engel Gabriel Gesandter genannt werden, während Mohammed sich mit der Bezeichnung eines bloßen Briefboten begnügen müßte[2]. Für seine angebliche Himmelfahrt aber und seinen persönlichen Verkehr mit Gott gebe es nur die unglaubwürdige Aussage seiner eigenen Tochter Fatima[3]. Und welches

---

[1]) Migne, 1386, 1396. Samet ist das arabische Sammed, das eigentlich, festgefügt, in sich abgeschlossen, aber auch ewig bedeutet. Vgl. Koran Sure 112. Im Griechischen wird es mit *ὁλόςφυρος* wiedergegeben, woraus dann bei einigen, z. B. von Niketas *ὁλόσφαιρος* kugelrund verdreht worden ist. Vgl. Sprenger a. a. O. 2, 33 Anm.

[2]) Migne, 1388ff., 1417.

[3]) Ebenda 1392.

Heil könne seine Lehre seinen Anhängern bringen, die nur in der Formel besteht: „Es gibt keinen Gott als (unsern) Gott und Mohammed ist sein Gesandter.“ Dabei habe er selbst erklärt, daß von den 72 Stämmen seines Volkes nur einer die Seligkeit des Paradieses genießen werde, die übrigen aber dem Verderben anheimfallen müssen. Die sich befehdenden verschiedenen Sekten, in die die Gläubigen gespalten sind, beweisen den Mangel an Einigkeit im Glauben[1]).

Und nun zum Koran. Wie dürfe man ihm, der von Lügen und Falschheiten erfüllt ist, göttlichen Ursprung beimessen, wie ihn mit dem von Ewigkeit an mit Gott verbundenen göttlichen Wort (dem Logos) in Verbindung setzen[2])? Man wisse ja, daß der Koran erst nach Mohammeds Tode auf Veranlassung seines Nachfolgers Abubekr durch Othman, dem der Prophet seine Aussprüche diktiert hatte, zusammengestellt worden, und daß sein Original in dem Kuppelgewölbe der Täuferkirche zu Damaskus aufbewahrt werde[3]). So gering werde der Koran geachtet, daß selbst die Kinder bei ihren Spielen auf offenem Markte mit dem Buche ihren Scherz und Unfug trieben[4]).

Dann spottet Bartholomaeos über die von Mohammed gebotenen rituellen Gebräuche, insbesondere die vor jedem Gebete vorgeschriebenen Waschungen verschie-

---

1) Migne, 1401. Erwähnt werden: die Hanefiten (*ἀπὸ Χανιφὰ*), die Schafeiten (*Σεφὶ*), die Malekiten (*Μελκὶ*) und die Hambeliten (*Ἀχμὰτ χαμπὶλ*).

2) Migne, 1393 ff.

3) Migne, 1444. *Καὶ τὸ πρωτότυπον τούτου ἐκ χείρος τοῦ Ὀθμὰν κεῖται εἰς τῆν τροῦλλαν τῆς ἐκκλησίας τοῦ προδρόμου εἰς τὴν Δαμασκὸν κ. τ. λ.* Die Täuferkirche befand sich noch im neunten Jahrhundert im gemeinsamen Besitz der Christen und der Moslims.

4) Migne, 1396.

dener Körperteile, die Ablegung des Obergewandes, goldener Ringe usw. Das sei das Wesentliche der Lehre; als ob Wasser oder Sand mit dem Schmutz des Körpers auch den der Seele abzuwaschen vermögen[1]. „Und wie dürftig ist Euer Gottesdienst ausgestattet," ruft er dem Gegner zu, „Ihr habt keinen wahren Tempel, keinen Altar noch Psalmgesänge noch Sündenvergebung. Einer von Euch steigt auf eine Erhöhung neben der Moschee und ruft, indem er einen Finger an das Ohr, den anderen an den Hintern legt, mit lauter Stimme: „Gott ist groß, ich bezeuge, kein Gott ist unserm Gotte gleich und Mohammed ist Gesandter Gottes." Ihr aber tretet in die Moschee, legt Eure Oberkleider vor Euch hin, betet die bekannte Formel, beugt Euch nach rechts und dann nach links, sprecht „Friede sei mit uns mit dem barmherzigen Gotte"[2]. Das ist alles!

Den Schluß der Schrift macht ein Abriß des Lebens Mohammeds, das der Verfasser entworfen hat, um seinen Bekennern das wahre Wesen des falschen Propheten vorzuführen. In dieser Skizze ist manches Richtige mit einer Anzahl von Fabeln und unglaubwürdigen Nachrichten gemischt, die den geschichtlichen Wert der Mitteilungen stark beeinträchtigen. Im ganzen richtig orientiert zeigt sich der Verfasser in betreff der Herkunft des Propheten und seiner Familienverhältnisse; er zählt z. B. seine Vorfahren bis über die zehnte Generation auf. Was er aber über die Zwistigkeiten seines Großvaters Abumotaleb mit seinem Bruder Kores und über die Rolle, die darin Mohammeds Vater

---

1) Migne, 1405 ff., 1414. Allerdings hat Barth. hier viel übertrieben.
2) Migne, 1405, 1446.

Abdallah gespielt[1]), berichtet, trägt den Stempel der Erfindung an sich, und ist nur bestimmt, den Haß der Koreischiten gegen ihn zu rechtfertigen. Unrichtig ist auch, daß seine Mutter Jemena (Amina) eine Sklavin gewesen, die zu den schmutzigsten Diensten verwendet worden[2]), sowie daß seine erste Frau Chadidscha ein junges Mädchen gewesen, daß er durch seine romanhafte Werbung gewonnen habe[3]).

Was Bartholomaeos weiter über Mohammeds Erziehung durch seinen Oheim Abutaleb, seinen Verkehr mit dem Nestorianermönche, seine wunderbare Berufung, sein erstes Auftreten, seine Flucht nach Medina und die Kämpfe mit den Meccanern berichtet, kann bis auf einige Ausschmückungen mit der bekannten Überlieferung im Ganzen in Einklang gebracht werden. Anders steht es mit zwei merkwürdigen Nachrichten, die aus recht trüben Quellen geschöpft sein müssen, für die glaubwürdige Zeugnisse fehlen. Darnach wird Mohammed beschuldigt, neben anderen Grausamkeiten auch die Tötung seines Wohltäters Abutaleb bewirkt zu haben, weil dieser seine göttliche Sendung bezweifelte, während feststeht, daß Abutaleb im hohen Alter im Jahre 619 verstorben ist[4]). Und in das Reich der Fabeln muß ebenso verwiesen werden, was hier über das Ende des Propheten berichtet wird. Er sei von einer ihm feindlich gesinnten

---

1) Migne, 1421 ff.

2) Migne, 1425.

3) A. a. O. 1420 ff. Von den sonstigen Frauen Mohammeds werden *Αἰσσαΐ* die Tochter Abubekr's und die Ägypterin Merjam hervorgehoben; ferner werden mit Namen erwähnt die vier Söhne und die Tochter des Propheten Phatma, die Gattin seines Neffen, des spätern Kalifen Ali, sowie dessen Söhne Hassan und Hussein und deren Ermordung durch „*Μαβία*“ (Moawijah).

4) Migne, 1437. Vgl. Sprenger, 2, 147, 515.

Volksmenge, vor der er sich geweigert habe ein Wunder zu vollbringen, an den Schweif eines trunken gemachten Kamels gebunden und so zu Tode geschleift worden[1]. Nun gehört aber sein auf dem Krankenbett erfolgter Tod zu den aus seiner Geschichte sicher beglaubigten Ereignissen. Daß der Edessener Mönch dieser Schilderung, die den Stempel verleumderischer Erfindung trägt, Glauben schenken konnte, erklärt sich aus dem tief gewurzelten Haß, den er dem Stifter der christenfeindlichen Religion entgegenbrachte.

Doch genug von dem Inhalt dieser eigenartigen Streitschrift, die wert wäre, von der sachkundigen Hand eines Orientalisten näher geprüft zu werden.

Eine Frage bleibt noch zu erledigen, nämlich die nach der Zeit der Entstehung dieser Schrift. Man hat angenommen, daß ihr Verfasser ein Zeitgenosse des Photios gewesen sei[2]; ein Beweis ist für diese Annahme nicht erbracht worden. Wohl aber ergeben sich aus der Schrift einige Anhaltspunkte dafür, daß Bartholomaeos von Edessa und sein Werk einer spätern Zeit angehören. Zunächst Sprachliches. Er verwendet eine Anzahl Ausdrücke, die noch dem Vulgärgriechischen des neunten Jahrhunderts fremd, die zum Teil sogar erst infolge näherer Bekanntschaft mit den Franken und Lateinern in das byzantinische Griechisch aufgenommen sind[3]. Dies würde auf die Zeit der Kreuzzüge hindeuten. Ferner wird an einer Stelle eine Briefsendung von Babylon an einen nicht näher bezeichneten Sultan er-

---

[1]) Migne, 1445.

[2]) Ehrhardt-Krumbacher, 78, Anm, 3.

[3]) Z. B. *σκλαβὰ*, *φούσατον* (Heer) *ῥοῦγα* (Gabe) *καλογηρος σαπούνιον* (Seife) *κατούδιον* (Katze) *μανδήλιον* (Oberkleid) u. a. vgl. Ducange, Lexic. med. et infim. Graecitatis.

wähnt[1]). Nun führt seit Ende des zehnten Jahrhunderts diesen Titel der Herrscher von Ägypten[2]), dessen Residenz Kairo in damaliger Zeit ebenso wie Bagdad mit Babylon bezeichnet wurde. In Bagdad gab es jedenfalls keinen Sultan. Gemeint kann in jener Stelle also nur der ägyptische Sultan sein. Endlich noch folgendes: Edessa hat während des elften Jahrhunderts mehrmals ihren Herrn gewechselt; aus den Händen der Moslims fiel es auf kurze Zeit in die der Byzantiner, ging dann aber wieder an jene verloren, bis die Kreuzfahrer die Stadt eroberten und hier ein fränkisches Fürstentum gründeten. Würde Bartholomaios sich seine so überaus scharfe Sprache gegen den Islam und dessen Stifter erlaubt haben, wenn Edessa noch unter mohammedanischer Herrschaft gestanden hätte? Die größere Wahrscheinlichkeit spricht dafür, daß er seine Schrift zu einer Zeit verfaßt habe, da seine Vaterstadt von dem Joche der Ungläubigen befreit' gewesen war. Näher fest zu bestimmen, ist freilich unmöglich.

---

[1]) Migne, 1389. *ὅταν ἀπὸ Βαβυλῶνος τις ἔρχεται πρὸς τὸν Σουλτανὸν ὡς γραμματοφορον κ. τ. λ.*

[2]) Später hießen Sultan auch die türkischen Herrscher von Rum.

Höfische Streitschriften aus der Zeit der makedonischen Dynastie und der Komnenen.

Niketas von Byzanz.

In der Hauptstadt des Reiches setzte die literarische Bewegung zur Bekämpfung des Islams erst gegen Ende des neunten Jahrhunderts ein. Basileios, der makedonische Bauernsohn, der vom kaiserlichen Stallknecht zum Mitregenten des unfähigen und sittenlosen Kaisers Michael III. emporgestiegen war, hatte nach dessen Ermordung (23. Sept. 867) mit kräftiger Hand die Zügel der Herrschaft ergriffen. Seine neunzehnjährige Regierung bildet eine rühmliche Episode in den sonst so trüben Zeiten der Geschichte der Romaeer. Basileios trug sich, nachdem er die Araber in Sizilien und Unteritalien unterworfen hatte, mit dem abenteuerlichen Plane, sie von ihren Irrlehren zu befreien, und sie zum wahren Glauben zu bekehren. Zur Ausführung dieses Gedankens fand er eine geeignete Persönlichkeit in dem Byzantiner Niketas, dem seine Zeitgenossen wegen seiner gerühmten dialektischen Methode den Ehrentitel eines Philosophen beigelegt hatten [1]. Niketas stand in näheren Beziehungen zu dem großen Photios, der bei des

[1]) Über Niketas Byzantios, zum Unterschied von anderen gleichen Namens vgl. die Vorbemerkungen bei Migne, Patr. gr. 105, 583 ff.. Ehrhardt-Krumbacher 79.

Kaisers Regierungsantritt zwar in Ungnade gefallen und abgesetzt, dann aber 877 zum zweitenmal zum Patriarchen der Hauptstadt berufen worden war. Für ihn und unter seinem Namen hatte Niketas ein theologisches Sendschreiben als Erwiderung auf einen Brief des Königs Aschod von Armenien zu dessen Belehrung über einige dogmatische Fragen verfaßt. Derselbe Niketas wurde nun vom Kaiser veranlaßt, eine Widerlegung des „törichten, schändlichen Buches des Arabers Mohammed und des darin enthaltenen Irrglaubens der Agarener“ zu schreiben [1]). So entstand die erste in Byzanz erschienene Streitschrift wider den Islam.

Daß aber Basileios es gewesen, von dem die Anregung dazu ausgegangen war, ergibt deutlich der Lobeshymnus, den der Verfasser in seiner Einleitung dem Kaiser widmet. Nachdem er hier seiner weisen Regierung im allgemeinen gedacht hat, hebt er besonders seine Bemühungen zur Herstellung des kirchlichen Friedens und der Predigt des wahren Evangeliums hervor, erwähnt ferner seine gesetzgeberischen Reformen (die Vorarbeiten zu den Basiliken), und rühmt schließlich seine Siege über die Araber, die er nicht nur mit dem Schwerte, sondern auch mit den Waffen des wahren Glaubens zu unterwerfen gedachte [2]). Alles das trifft nur zu für Basileios, kann aber in keiner Weise weder auf seinen Vorgänger, den Trunkenbold Michael noch auf seinen Sohn und Nachfolger Kaiser Leon bezogen werden. Und damit gewinnen wir zugleich einen Anhalt dafür, wann ungefähr die Schrift des Niketas

---

[1]) Migne 669 ff. „*ἀντίῤῥησις καὶ ἀνασκευὴ καὶ ἔλεγχος τῆς ἀλογωτάτης καὶ μυσαρωτάτης βίβλου τῆς παρὰ τοῦ Ἄραβος Μωάμετ πλαστογραφθείσης, ἤτοι τῆς τῶν Ἀγαρηνῶν ψευδωνύμου πίστεως.*“

[2]) a. a. O. 672.

entstanden sein kann. Da des Basileios Arabersiege in die Jahre 875—878 fallen, sein Tod aber 886 eintrat, so wird man die Abfassung der Schrift in diesen Zeitraum setzen dürfen.

Sie zerfällt in drei Abschnitte, die auch äußerlich getrennt sind. Der erste — wesentlich apologetischen Inhalts — behandelt die Grundwahrheiten des Christentums nach der dem Verfasser eigentümlichen „syllogistisch-dialektischen, mit natürlichen Argumenten gepaarten Methode“ [1]). Es werden hier Begriff und die Eigenschaften Gottes, die Göttlichkeit des Sohnes und des Heiligen Geistes, und das Dogma der Trinität in ihrer substantiellen Einheit der drei erörtert, eine Lehre, die den Moslims, als Bekennern eines reinen Monotheismus am allerunannehmbarsten erschien [2]). Ob die künstlich-scholastische Beweisführung, deren sich der Verfasser bedient, geeignet war, auch nur e i n e n der Islamgläubigen von ihrer Richtigkeit zu überzeugen, muß bezweifelt werden.

Im zweiten Abschnitt wendet Niketas sich zu seinem eigentlichen Thema, der Widerlegung der im Koran enthaltenen Lehren. Daß er die Person Mohammeds so niedrig als möglich einschätzt, ihn fort und fort mit den stärksten Schmähworten bedenkt, als unwissenden schamlosen Lügner, als falschen Propheten, Verführer, als Satanssohn und jeder göttlichen und menschlichen Weisheit bar brandmarkt, darf bei einem strenggläubigen Vertreter der orthodoxen Kirche nicht auffallen. Auch sein Urteil über den K o r a n ist ein abfälliges. Oft genug erklärt er ihn für ein unvernünftiges, ohne System zusammengeworfenes Machwerk, voll von Lügen, Fäl-

---

[1]) M i g n e, 673.

[2]) N i k e t a s, Nr. 3—25.

schungen, Fabeln und Widersprüchen; seine Sprache sei weder die einer Prophetie, noch entspreche sie der Würde eines Religionsbuchs noch der eines Gesetzbuchs; unbegreiflich sei, wie Mohammed zu behaupten wage, daß er den Koran von Gott empfangen habe. „Wo sei denn Gott ihm erschienen? Wo die Zeugen für die göttliche Herkunft des Buches?“ Wie anders, da Moses seine Gesetzestafeln vom Berge in Gegenwart von mehr als sechshundert Zeugen herabgebracht hat[1]).

Daß Niketas den arabischen Text des Korans benutzt hat, erscheint ausgeschlossen, da nichts darauf hindeutet, daß er dieser Sprache mächtig gewesen; vielmehr wird ihm eine griechische Übersetzung vorgelegen haben, die damals wohl im byzantinischen Reiche verbreitet gewesen sein mag. Eine Anzahl von Mißverständnissen und Irrtümern, die sich bei Niketas finden, sind daher weniger ihm als dem mit dem Arabischen nicht genügend vertrauten Übersetzer zur Last zu legen[2]). Der arabische Text zählt bekanntlich 114 Kapitel oder Suren des Korans, während Niketas, da er die erste nur eine Anrufung Gottes enthaltende Sure außer Betracht läßt, nur deren 113 annimmt. Infolgedessen bleiben bei ihm die Koranzitate stets um eine Zahl gegen den Urtext zurück. Die Überschriften der Suren sind griechisch nach der benutzten Übersetzung wiedergegeben[3]), ausnahmsweise finden sich arabische Titel in griechischer Transscription beibehalten[4]). Wahrscheinlich hatte der

[1]) Niketas, Nr. 27, 28.

[2]) U. a. die Mohammed zugeschriebene Behauptung, er habe Gott für eine Kugel (*ὁλόσφαιρος*) gehalten. Niketas 29.

[3]) Meist in den Formen wie: *εἰς τὰς γυναῖκας, εἰς τὴν τραπέζην* u. a.

[4]) Z. B. Sure 69 *εἰς τὸ Ἀκκὰ* = Elhakka, die Unwiderrufliche, Sure 101 *εἰς τὸ καρὰ* = Elkariath, die Pochende, Sure 103 *εἰς τὸν Ἀλίξαρ* = Elazr, die Nachmittagszeit. Vgl. Niketa Nr. 80, 82.

Koranübersetzer selbst sie nicht verstanden und auch Niketas hat mit ihnen nichts anzufangen gewußt.

Eingehender hat sich Niketas nur mit den ersten siebzehn Suren (2—18) beschäftigt und jeder von ihnen ein besonderes Kapitel gewidmet[1]. Hier geht er die einzelnen Suren durch, hebt daraus meist in wörtlicher Übersetzung diejenigen Stellen hervor, die er seinem Zwecke entsprechend der Kritik oder Widerlegung für wert und bedürftig erachtet und knüpft daran seine polemischen Bemerkungen. Von Sure 19 ab hat er die Einzelbehandlung aufgegeben und sich damit begnügt, die folgenden bis zum Schlusse in einem Gesamtkapitel zusammenzufassen und mit gelegentlichen Bemerkungen zu begleiten[2].

Mit besonderer Vorliebe behandelt Niketas solche Stellen des Korans, in denen des mosaischen Gesetzes oder des Evangeliums gedacht wird, oder die sich auf namhafte Persönlichkeiten sei es aus dem Kreise des alten Bundes wie Abraham, Noah, Moses u. a. sei es auf die Person und das Wirken Jesu beziehen. Denn Juden wie Christen waren Faktoren, auf die Mohammed bei Gründung seiner neuen Religion Rücksicht nehmen mußte. Schon lange vor seinem Auftreten war das Judentum unter den Arabern verbreitet, eine Anzahl von Stämmen — ob eingewanderte oder eingeborene kann dahingestellt bleiben — lebten nach der Thora und genossen an einzelnen Orten, z. B. in Medina erheblichen Einfluß. Aber auch an Bekennern des Evangeliums fehlte es unter den arabischen Stammesgenossen

---

[1]) In der Überschrift sind versehentlich nur 16 Kapitel erwähnt. Migne, 672.

[2]) Niketas Nr. 77—80.

nicht; meist waren es allerdings von der orthodoxen Kirche nicht anerkannte Haeretiker wie Nestorianer, Jakobiten u. a. Von ihnen hatte Mohammed vor seiner Berufung wertvolle Aufklärung erhalten und war auch in seiner ferneren Laufbahn mit den arabischen und aethiopischen Christen in nähere Beziehungen getreten [1]. Ihm galten die Thora und das Evangelium als heilige Schriften, und er verehrte Moses und Jesus als gottgesandte Propheten und Vorläufer seiner eigenen Mission. Allerdings stammen seine Anschauungen über die Person Jesu vielfach aus apokryphen Quellen und volkstümlichen Legenden und standen mit denen der herrschenden Kirche nicht in Einklang. Sie spiegeln sich in zahlreichen Stellen des Korans wieder, und gegen diese sog. Mythen und Lügenfabeln richteten sich hauptsächlich die Angriffe unseres Niketas.

Es würde zu weit führen, wollten wir an der Hand des Niketas die einzelnen Suren und was er zur Widerlegung der darin behandelten Materien vorbringt, durchgehen. Es wird genügen, aus der Fülle des Stoffs einige charakteristische Beispiele hervorzuheben.

Sure 3, Haus Amram (Imram) betitelt, enthält einige bemerkenswerte Aussprüche über Jesus und seine Herkunft [2]. In Mißachtung der geschichtlichen Tatsachen hat Mohammed die Geburt Jesu in das mosaische Zeitalter zurückverlegt, weil es ihm darauf ankam, seine beiden Vorgänger auch zeitlich in nahe Beziehung zu rücken. Maria, die Mutter Jesu, wird zu einer Tochter Amrams [3]) gemacht, der nach der biblischen Überlieferung der Vater Mosis, des Aaron und einer Tochter

---

[1]) Sprenger, 2, 160ff., 3, 488ff.

[2]) Sure 3, 90ff. Niketas Nr. 41—44.

[3]) Jambra bei Niketas 41 ist derselbe Name.

Mirjam gewesen ist. Mit dieser letzteren hat Mohammed — vielleicht nicht ohne Absicht — die Mutter Jesu zusammengeworfen. Zwar nennt der Koran sie nirgends ausdrücklich „Schwester Mosis“, wohl aber an einer Stelle (Sur 19, 29) „Schwester Aarons“. Niketas entrüstet sich über solchen Anachronismus und geißelt ihn als eine Ausgeburt des Wahnsinns und der Gottlosigkeit. Als leere Erfindung und Lüge weist Niketas auch ein in Sure 3 aus apokryphischen Quellen stammendes Wunder Jesu zurück, daß er nämlich einen Vogel aus Ton gebildet und ihm Leben eingehaucht habe[1]).

Über den Tod Jesu finden sich im Koran widersprechende Äußerungen. In Sure 3 heißt es:

> Gott sprach: „O Jesus, ich will Dich sterben lassen, dann will ich Dich zu mir erhöhen, ich will Dich trennen von den Ungläubigen und Deine Nachfolger setzen über sie am Tage der Auferstehung.“

In Sure 4 wird dagegen das Märchen vorgetragen, daß Jesus garnicht gestorben sei:

> Die Juden sagen zwar: „Wir haben den Messias, den Sohn der Maria, den Gesandten Gottes getötet,“ In Wahrheit haben sie ihn nicht getötet, sondern einer ihm Ähnlicher ist ihnen überliefert worden.

Hier wird also mit dem Leugnen des wirklichen Todes Jesu auch dessen Auferstehung verworfen. Niketas sieht darin eine teuflische Bosheit Mohammeds; er habe nicht gewagt, die Auferstehung des Gottessohnes zu bekennen, weil er besorgt war, daß seine Anhänger ein gleiches Wunder auch von ihm fordern und beim Nichteintritt an ihm irre werden könnten[2]).

---

[1]) Niketas Nr. 41.

[2]) Niketas Nr. 48.

In Sure 61 sucht Mohammed seine göttliche Mission durch die Jesus in den Mund gelegte Äußerung zu rechtfertigen:

„O Ihr Kinder Israels — ich gebe Euch frohe Botschaft von einem Gesandten, der nach mir kommen wird, mit Namen Achmed[1].“

Niketas sieht hierin den Gipfel der Verlogenheit Mohammeds. Doch wird man ihn und seine visionäre Phantasie wohl milder beurteilen, wenn man erfährt, daß die arabischen Christen den in dem Johannesevangelium (14, 16, 26, 15, 26) angekündigten Paraklet in der Tat mit Achmed zu bezeichnen pflegten[2]. Später kehrt dann der beständige Vorwurf der Moslims gegen die Christen wieder, daß sie durch Weglassen des Namens des Propheten das Evangelium verfälscht hätten.

Soviel von der Koranpolemik. Der dritte Abschnitt der Schrift des Niketas bildet einen Nachtrag zu dem Vorangehenden. Zunächst werden einige Aussprüche Mohammeds erörtert und kritisch beleuchtet; u. a. daß Gott Urheber des Guten wie des Bösen sei, daß im Paradiese die Menschen ein eheliches Zusammenleben führen, daß die Engel weiblichen Geschlechts seien, daß Gott festgefügt sei und nicht zeuge noch gezeugt werde! In den Schlußkapiteln wendet sich der Verfasser gegen die Agarener und weist ihnen nach, daß sie als Nachkommen Ismaels an dem alten Gottesbunde nicht teilhaben, unerachtet der Beschneidung, und daß ihnen auch die wahre Gottesverehrung abgesprochen werden muß[3].

---

[1]) Sure 65, 6: „Achmed ist nur andere Namensform für Mohammed, d. h. der Vielgepriesene.“ Niketas Nr. 79 hat „Μωάμετ“.

[2]) Vielleicht infolge von Verwechslung von παράκλητος mit περίκλυτος. Vgl. Sprenger, 1, 158. Wahl, Der Koran, 279, 296.

[3]) Niketas Nr. 84—106.

Außer der bisher besprochenen Streitschrift des Niketas sind von ihm noch zwei kürzere Abhandlungen überliefert, Antwortschreiben auf zwei von Agarenern angeblich an Kaiser Michael III. gerichtete Briefe, in denen Angriffe auf den Christenglauben erhoben sein sollen[1]. Doch erscheint diese Angabe, die in den Handschriften dem Texte der Abhandlungen vorangestellt ist, von vornherein bedenklich.

Zuvörderst handelt es sich nicht um mehrere Agarener, von denen die von Niketas beantworteten Briefe ausgingen, sondern nur um einen und denselben Schreiber beider Briefe; auch haben sie nicht Angriffe und Anklagen gegen das Christentum enthalten, sondern, wie man aus ihrem, aus den Antworten leicht herzustellenden Inhalt ersieht, nur das Ersuchen, den Schreiber über gewisse ihm unverständlich gebliebene Dogmen zu belehren und aufzuklären. Niketas erklärt sich auch in durchaus höflicher Form und ohne jeden Ausfall gegen den Ungläubigen bereit, ihm die erbetene Auskunft zu gewähren, und verkehrt mit ihm als einem ihm bekannten guten Freunde[2]. Anfragen wie Antworten machen den Eindruck, daß es sich hier um eine tatsächlich ernstgemeinte, nicht etwa fingierte Korrespondenz gehandelt habe. Jede Andeutung aber fehlt dafür, daß ein Kaiser und gar Michael Adressat dieser Briefe gewesen sei. Da Niketas größere Stücke aus seiner apologetischen Schrift, die zweifellos erst unter Michaels Nachfolger entstanden ist, in seine Antwortschreiben

---

1) Migne, Pertr. gr. 105, 807—842. In der Überschrift heißt es u. a. *ἀντίρρησις τῆς σταλείσης ἐπιστολῆς ἐκ τῶν Ἀγαρηνῶν πρὸς Μιχαὴλ βασιλέα υἱὸν Θεοφίλου κ. τ. λ.*

2) Er redet ihn wiederholt mit: *ὦ βέλτιστε, πειράτατε, φίλε* u. ä. an.

wörtlich übernommen hat[1]), so ergibt sich die Folgerung, daß auch sie erst später verfaßt seien. Die Herbeiziehung des Kaisernamens ist wohl nur ein nicht unbeliebtes Reklamemittel gewesen, den Abhandlungen eine größere Verbreitung und bessere Anerkennung zu verschaffen. Daß dies von Niketas selbst geschehen, ist ausgeschlossen.

Da die Abhandlungen sich hauptsächlich mit Verteidigung und Rechtfertigung der christlichen Glaubenssätze, u. a. über den Gottesbegriff und die Trinitätslehre befassen, erübrigt sich ein näheres Eingehen auf sie.

Euthymios Zigabenos.

Während des zehnten und elften Jahrhunderts schwieg in Byzanz die Polemik gegen den Islam. Niketas fand auf diesem Gebiete keinen Nachfolger. Dieses Schweigen und das Sinken des Interesses an theologischen Streitfragen erklärt sich zum Teil aus der damaligen äußeren Politik. Die großen kriegerischen Erfolge hervorragender Herrscher und Regenten der makedonischen Dynastie — man braucht nur an Nikephoros Phokas an, Johannes Tzimiskes und besonders an den Bulgarenvernichter Basileios II. zu erinnern — hatten die von der islamischen Welt drohende Gefahr wesentlich zurückgedrängt, wertvolle verlorengegangene Gebiete dem Reiche wiedergewonnen und die Grenzen im Osten gesichert. Aber schon seit der Mitte des elften Jahrhunderts machte sich infolge der kurzsichtigen antimilitärischen Politik unfähiger Nachfolger der Verfall des Reiches geltend. Seinen Tiefstand bezeichnet der entscheidende Sieg der seldschuk-

---

[1]) Migne, 809, 824.

schen Türken über die Romäer in der Schlacht von Manzikert (1071), bei der der unglückliche Kaiser Romanos Diogenes als Gefangener in die Hände des Sultans gefallen war. Während die Seldschuken sich der besten Provinzen Kleinasiens bemächtigten und hier wie zum Hohn ihre Herrschaft unter dem Namen eines neuen Römerreichs (Rum) begründeten, ergötzte Hof und Gesellschaft in Byzanz sich an den rhetorisch-philosophischen Spielereien des gelehrten Kaisererziehers und Literaten Michael Psellos[1]).

Erst unter dem Gründer der Komnenendynastie, Kaiser Alexios (1081—1118) begann sich wieder ein lebhafteres Interesse an der Beschäftigung mit religiösen und theologischen Fragen geltend zu machen. Er selbst wußte in theologischen Dingen gut Bescheid, und seine Bemühungen richteten sich hauptsächlich auf Bekämpfung und Vernichtung des stärker wuchernden Sektenwesens. Er ließ es sich nicht nehmen, persönlich die ihm besonders verhaßten Bogomilen durch die Kraft seiner überzeugenden Rede zu bekehren oder, sofern ihm dies mißlang, mit den härtesten Ketzerstrafen zu verfolgen[2]).

Alexios war es, der den von ihm geschätzten Mönch Euthymios Zigabenos[3]) veranlaßte, ein großes Sammelwerk der orthodoxen Lehre und der Widerlegung der Häresien aller Zeiten nach den Ausführungen bewährter Kirchenväter und -Lehrer zusammenzustellen, dem er selbst den bezeichnenden Titel Πανοπλία δογμα-

---

[1]) C. Neumann, Die Weltstellung des byz. Reiches vor den Kreuzzügen, 104 ff.

[2]) Vgl. 27 der Panoplia.

[3]) Über ihn Ehrhardt-Krumbacher, 82—85.

τικὴ beigelegt haben soll[1]). In der Tat sollte es ein Arsenal des reinen unverfälschten Glaubens bilden und die Waffen zur Bekämpfung aller Abweichungen davon liefern.

Der letzte der 28 Titel, in die das Werk zerfällt, ist gegen die Sarazenen gerichtet, die also auch hier als eine jüngst vom Christentum abgeirrte Sekte angesehen werden. Er findet sich aber nicht in allen Handschriften der Panoplia, und fehlt auch in der ersten gedruckten Gesamtausgabe, die im Jahre 1710 zu Tergovist in der Wallachei erschien[2]). Die Weglassung soll angeblich erfolgt sein, um nicht bei der Pforte und dem Sultan als Oberherrn Anstoß zu erregen[3]). Näher liegt wohl die Annahme, daß der Titel 28 in der bei dem Abdruck benutzten Handschrift tatsächlich gefehlt habe. In der von Migne veranstalteten Ausgabe ist er nach älteren Sonderdrucken aufgenommen worden[4]).

Mit den vorangehenden Abhandlungen des Euthymios verglichen, bleibt die gegen die Sarazenen gerichtete ihrem Werte nach erheblich hinter jene zurück. Man legt den Titel 28 enttäuscht aus der Hand, denn der größere Teil seines Inhalts ist fremden Quellen entnommen, die der Verfasser ohne sie zu nennen, wörtlich oder mit geringen Abänderungen hier wiedergegeben hat. Von den 29 Nummern dieses Titels stammen einige (Nr. 2. 3, 8 und 20) aus der Schrift des Johannes von Damaskus über die Häresien, eine größere Zahl (Nr. 8,

---

1) Migne Patr. gr. 130, 21.

2) Veranstaltet von dem Hieromonachos Metrophanes Gregoras und dem Hospodar Johann Konstantin Bassaraba Brancovan und dessen Sohn Stephan Brancovan gewidmet. Danach abgedruckt bei Migne, 130, 9ff.

3) Die Notiz bei Migne, 130, 33.

4) Migne, 130, 1332ff.

9, 10, 13, 16—18, 20, 24, 26, 27) sind der früher besprochenen Abhandlung des Niketas von Byzanz entlehnt[1]); endlich ist die Überschrift und Nr. 1 einer anonym verfaßten Skizze des Lebens Mohammeds entnommen, die von Migne hinter der Schrift des Bartholomaeos von Edessa mitgeteilt worden ist[2]). Für den Rest sind anderweite Quellen zunächst nicht nachzuweisen; er mag also bis auf weiteres als geistiges Eigentum des Euthymios angesehen werden.

Unter den dem Euthymios Zigabenos zugeschriebenen Schriften findet sich noch ein Zwiegespräch, das er angeblich in der Stadt Melitene mit einem Araber über die Rechtfertigung des christlichen Glaubens und die Widerlegung der dagegen vorgebrachten Einwände gehalten hat[3]). Die Überzeugungskraft der von Euthymios vorgebrachten Gründe hat so durchschlagend gewirkt, daß zum Schlusse der Sarazene sich für besiegt erklärt und ihn bittet, als Diener des Herrn ihn sofort zu taufen[4]).

Bei näherer Betrachtung erscheint die Sache wenig glaubwürdig. Wie sollte Euthymios gerade nach Melitene gekommen sein, das sowohl vor wie während des ersten Kreuzzugs im Besitz der Moslims geblieben war? Die pathetische Bekehrungsszene trägt zu deutlich den Stempel

---

[1]) Es entsprechen: Nr. 8 = Niketas 37, Nr. 9 = Niketas 29, 74, 75, Nr. 10 = Niketas 78, 80, Nr. 13 = Niketas 37, Nr. 16—17 = Niketas 58, Nr. 18 = Niketas 52, Nr. 20 = Niketas 55, Nr. 24 = Niketas 56, Nr. 26 bis 27 = Niketas 79—83.

[2]) Migne, Patr. gr. 104, 1448 ff., mit dem Titel *κατὰ Μωάμεθ*.

[3]) Migne, Patr. gr. 131, 20—37. Der Titel: *Εὐθυμίου τοῦ μονάχου διάλεξις μετὰ Σαρακηνοῦ περὶ πίστεως ἐν τῇ πόλει Μελιτήνῃ*.

[4]) Der Schluß lautet: *νενίκημαι, νενίκημαι, ὢ πῶς μεγαλὴ ἡ πίστις τῶν χριστιανῶν τὰ γὰρ κατ' ὑμῶν λεγόμενα ἀληθὴ εἰσὶν, Κύριος ὁ θεὸς μαρτυρεῖ, καὶ δεῦρο δοῦλε θεοῦ βαπτισόν με*.

der Erfindung, sie sollte wohl den Ruhm des Verfassers in helleres Licht stellen. Das Gespräch macht den Eindruck einer Fiktion.

Niketas Akominatos.

Der Geschichtsschreiber Niketas Akominatos nach seinem Geburtsorte Chonae auch Choniates genannt[1]), der nach der Eroberung Konstantinopels durch die Lateiner am Hofe des Kaisers Theodoros Laskaris zu Nikaea eine Zufluchtsstätte gefunden hatte, kann in gewissem Sinne als Nachfolger des Zigabenos bezeichnet werden. Denn der von ihm außer seinem Geschichtswerke verfaßte umfangreiche „*Θησαυρὸς ὀρθοξίας*“ ist eine Nachbildung der früher erwähnten Panoplia des Zigabenos und enthält gleich dieser eine Darstellung und Widerlegung der im Laufe der Zeiten aufgetauchten Sekten. Nur die ersten fünf von den 28 Büchern des Thesaurus liegen vollständig in gedruckten Ausgaben vor[2]), das Übrige nur in Bruchstücken und Auszügen, und darunter auch der den „Aberglauben der Agarener“ betreffende Abschnitt des 20. Buchs[3]). Besondern Wert kann dieser Abschnitt nicht beanspruchen; denn Niketas hat den weitaus größten Teil des Inhalts seinem Vorbilde der Panoplia wörtlich oder so gut wie wörtlich entlehnt[4]). Also Neues erfahren wir nicht von Niketas. Interessant ist aber eine in Verbindung

---

[1]) Krumbacher 91, 92, 281 ff.

[2]) Migne, Patr. gr. 139, 1087.

[3]) Migne, 140, 105 ff. *περὶ τῆς θρησκείας τῶν Αγαρηνῶν.*

[4]) Es entsprechen: Niketas Nr. 1, 2 = Zigabenos 1, 2, Nik. 3 = Zigab. 3, Nik. 5 = Zigab. 11, 8, Nik. 7 = Zigab. 20, Nik. 8 = Zigab. 22. Nik. 10 = Zigab. 9, Nik. 11 = Zigab. 14, 16, 37, Nik. 13 = Zigab. 23 usw.

mit dem Thesaurus mitgeteilte Ordnung (*τάξις*), wie bei dem Übertritt eines Sarazenen zum Christenglauben zu verfahren sei[1]. Sie enthält eine reiche Sammlung von Abschwörungs- und Verfluchungsformeln, durch die der Katechumene sich von Mohammed und seinen Irrlehren lossagen mußte. Eine darunter gegen die aus der Koransure 112 stammende Bezeichnung Allahs:

> „es ist ein einziger in sich geschlossener Gott (*ὁλόσφυρος*) weder zeugend, noch gezeugt worden, seinesgleichen gibt es nicht"[2])

gerichtete, gab zu einem ernsten Konflikt Anlaß, in dem Kaiser Manuel Komnenos am Schlusse seiner Regierung mit der orthodoxen Kirche geriet[3]. Er beanstandete nämlich die Verfluchung in der erwähnten Fassung als Gotteslästerung und befahl die Streichung, stieß aber mit dieser Anordnung auf den Widerstand der Spitzen der Geistlichkeit. Erst nach längeren Verhandlungen wurde dieser Widerstand dadurch beseitigt, daß die Verfluchung nicht gegen den Gott Mohammeds, sondern gegen diesen selbst gerichtet werden solle. Diese Anordnung in dem von altersherüblichen Formular hat indessen keine praktische Folge gehabt, da Manuel bald darauf (1180) verstarb und man bei den nach seinem Tode eintretenden Wirren auf die streitige Frage nicht mehr zurückkam. Niketas teilt daher das alte Katechisationsformular in seiner ursprünglichen Fassung mit.

---

[1]) Migetnißbar Migne, 140, 123 ff.

[2]) Über *ὁλόσφυρος* und *ὁλόσφαιρος* s. oben S. 18.

[3]) Niketas Hist. de Manuele Comneno VII, 6.

Ein Italiener in griechischem Gewande.

Ricoldus de Monte Crucis. Demetrios Kydones.

Als Kaiser Michael Palaeologos nach Vertreibung der Lateiner in die alte Hauptstadt einzog (1201), erschien dies den Griechen als ein glückverheißendes Ereignis; und doch war es nur der Anfang des letzten Akts, der seinen tragischen Abschluß am 29. Mai 1453 fand, als Mohammed II. über die Trümmer der eroberten Konstantinsstadt zur Hagia Sophia einritt. Schon lange vorher lag die Entscheidung über das oströmische Reich bei dem Türkenstamm der Nachfolger Osmans. Anfangs als Verbündete und Helfer in den Nöten des Reichs herbeigerufen, waren sie bald zu einer drohenden Macht aufgestiegen und als gefährlichste Feinde fast bis unter die Mauern der Hauptstadt vorgedrungen.

Man hatte sich daran gewöhnen müssen, ungeachtet der Verschiedenheit der Rasse, der Kultur und Religion, diese Ungläubigen als ebenbürtig anzusehen. Längst besaßen Moslims ihre eigene Moschee in Byzanz[1]), und nicht lange dauerte es, daß auch ein türkischer Kadi über Griechen und Türken Recht sprach[2]), ein Fall völkerrechtlicher Konzession, vorbildlich für die modernen

---

1) Constant. Prophyr. de administr c. 21 erwähnt, daß Kaiser Leo der Isaurer den Sarazenen ein „μασγίδιον“ auf dem Praetorium eingeräumt habe. Nach Niketas Hist. de Isaacio Angelo c. 2 spricht von „μάτατον“ der Sarazenen.

2) Ducas Hist. Byz. o. 13. Chalcondyles 62.

Kapitulationen. Für den griechischen Stolz muß es ein empfindlicher Schlag gewesen sein, als Kaiser Johannes Kantakuzenos, allerdings ein Usurpator, genötigt ward, die Hilfe des mächtigen Türkensultans Orchan gegen den legitimen Palaeologen dadurch zu erkaufen, daß er seine Tochter Theodora dem Ungläubigen als Gattin und eine christliche Prinzessin seinem Harem überlieferte. Die Masse des Volks stand dem Islam mehr gleichgültig als feindselig gegenüber. Viel wichtiger als dessen Bekämpfung erschienen den Byzantinern die theologischen Streitigkeiten, die innerhalb der orthodoxen Kirche in leidenschaftlichen Kämpfen ausgefochten wurden [1]); und die wiederholt unternommenen Versuche, eine Einigung mit der römischen Kirche herbeizuführen, erregten nicht nur die Geistlichkeit, sondern auch die Menge des Volks in Byzanz zu den heftigsten Ausbrüchen. Viel verhaßter als die Ungläubigen waren ihr die Lateiner, die Azymiten, wie sie genannt wurden [2]).

Den Anstoß zu einer erneuerten Polemik wider den Islam veranlaßte um die Mitte des vierzehnten Jahrhunderts die Arbeit eines Westländers, eines Italieners, die auf byzantinischen Boden verpflanzt wurde. So reichten sich hier Occident und Orient die Hand.

Der Verfasser war ein aus Florenz stammender, dem Orden der Predigerbrüder angehöriger Mönch mit Namen Ricoldus (auch Ricardus) de Monte Crucis, der etwa 1309 gestorben sein soll. Vorgebildet durch das Studium weltlicher Wissenschaften, entschloß er sich zu einer Pilgerfahrt nach dem Orient, um dort an

[1]) Der sog. Hesychiastenstreit.

[2]) Ducas, 264, 291 berichtet, daß während der Belagerung der Stadt die Straßen von dem Geschrei der Massen durchhallten: „Besser in die Hände der Türken fallen als in die der Franken.“

der Quelle das Sektenwesen und vornehmlich die Lehre Mohammeds zu studieren, und wenn möglich, die Ungläubigen zum rechten Glauben zu bekehren. Aus seinem Berichte über seine Peregrinatio [1]) ergibt sich, daß er zunächst die heiligen Stätten in Palästina besucht, dann über Tripoli in Syrien durch Großarmenien und die persischen Grenzlande gewandert und schließlich nach Bagdad (von ihm bald Baldac bald Babylon genannt) gekommen sei und hier für längere Zeit Aufenthalt genommen habe [2]). Bagdad war damals, ungeachtet der Eroberung durch die Mongolen, noch immer eine Großstadt, der Hochsitz der islamitischen Kultur und die Stätte der von den Khalifen gegründeten obersten theologischen Schule. Der arabischen Sprache völlig mächtig, trat Ricoldus hier mit angesehenen Moslims, Theologen und Gelehrten, in nahen Verkehr und Meinungsaustausch. Er rühmt den freundlichen Empfang, der ihm zuteil geworden und daß sie ihm die Benutzung des Korans und andrer ihrer religiösen Schriften willig gestattet haben. Das bekannte Verbot, mit Ungläubigen über Glaubensfragen zu disputieren, wurde offenbar damals in Bagdad nicht mehr streng gehandhabt. Überhaupt scheint dort ein freierer Ton unter den Moslims geherrscht zu haben. Nach Ricoldus hatte die Philosophie des Platon und des Aristoteles ihren Weg zu der Hochschule gefunden und das Ansehen des Korans derart erschüttert, daß die Gebildeten und Wissenden keineswegs mehr auf die unbedingte Wahrheit des „Buchs" schwuren und nur öffentlich und vor dem Volke den Glauben daran zur Schau trugen, während sie im Ge-

---

[1]) Laurent, Peregrinatores medii aevi quatuor, Lips. 1864, 103 bis 141. Itinerarius fratris Ricoldi ordinis fratrum praedicatorum.

[2]) Laurent a. a. O. 105 ff.

heimen vieles darin zu verspotten sich nicht scheuten. Auch das Sektenwesen des Islams blieb Ricoldus nicht verborgen, er erwähnt der Hanefiten als einer besonders strengen Richtung und auch des Gegensatzes und der Kämpfe zwischen den Anhängern Alis und den glaubenstreuen Nachfolgern des Propheten [1]).

Dem Charakter der Sarazenen wird Ricoldus viel besser gerecht als die von Schmähungen und Verdächtigungen erfüllten Äußerungen byzantinischer Schriftsteller. Nach seinen eigenen Erfahrungen im Verkehr mit vornehmen Arabern wie mit den Söhnen der Wüste rühmt er an ihnen ihre Mildtätigkeit, ihre Gastlichkeit auch den Andersgläubigen gegenüber, ihren sittlichen Ernst und ihre Ehrfurcht vor dem Namen Gottes. Er stellt sie geradehin den Christen als nachahmenswerte Vorbilder hin. Allerdings bezieht sich dieses günstige Urteil nur auf die Sarazenen d. h. die Araber und verwandte Stämme; von dem Charakter der Türken und Mongolen (Tataren nennt er sie), ihren üblen Sitten und Grausamkeiten entwirft unser Reisender ein mit abschreckenden Farben aufgetragenes Bild [2]).

Wann Ricoldus Bagdad besucht hat, läßt sich annähernd aus seinen eignen Mitteilungen feststellen. Er gedenkt in seinem Reisebericht der Eroberung Bagdads und der Tötung des letzten Kalifen durch die Mongolen Chan Hulagu, einen Enkel Dschingischans, als der Vergangenheit angehörige Ereignisse. Sie fanden bekanntlich im Jahre 1258 statt. Er erwähnt ferner den Tod des Hulagu, für den das Jahr 1264 feststeht sowie seinen Nachfolger Argon Chan und dessen Tod, der in das

---

[1]) Laurent a. a. 132.

[2]) Laurent a. a. O. 114 ff.

Jahr 1291 zu setzen ist[1]). Da er diese Tatsachen als auf seiner Reise erlebte vorträgt, so muß angenommen werden, daß er nicht früher d. h. nicht vor 1291, mindestens aber nicht vor 1264 nach Bagdad gekommen sein kann und mit diesem Ergebnis wird man sich bescheiden müssen. Ungefähr stimmt damit eine Äußerung des Ricoldus in seiner gleich zu erwähnenden Streitschrift wider den Islam überein, nämlich daß seit der Geburt Mohammeds noch nicht 700 Jahre, und seit dem Auftreten Christi und seiner Apostel etwas mehr als 1200 Jahre verstrichen seien[2]), was also ebenfalls auf das Ende des 13. Jahrhunderts hinweist. Wenn im Widerspruche hiermit Kaiser Kantakuzenos in einer seiner Schriften gegen Mohammed bemerkt, daß ein Predigerbruder Ricoldus im Jahre 1210 nach Babylon gekommen sei und hier den Koran ins Lateinische übersetzt habe[3]), so ergibt sich die Unrichtigkeit dieser Angabe schon aus dem Umstand, daß Papst Honorius III erst 1216 den Dominikanern die Führung des Namens Predigerbrüder verliehen hat.

Wir besitzen von Ricoldus nur eine Schrift im Original, nämlich den erwähnten Bericht über sein Peregrinatio. Den Plan, den ganzen Koran ins Lateinische zu übersetzen, hatte er, wie er selbst sagt, anfänglich gehegt, aber demnächst wieder aufgegeben. Dagegen bestimmten ihn die im Koran gefundenen zahlreichen Irrtümer und Unwahrheiten eine besondere Schrift zu verfassen, in der er „zum Wohle der Kirche und zu Nutz und Frommen seiner Mitbrüder“ die volle Wahr-

---

1) Laurent a. a. O. 120—122, 127.
2) Migne Patr. gr. 154, 1092, 1094.
3) Migne, 154, 601.

heit darüber aufdecken und die Lehre Mohammeds in allen Einzelheiten widerlegen wollte.

Diese Schrift, deren Titel Confutatio Alcorani geheißen haben mag ist im Original verloren gegangen oder als verschollen zu erachten[1]). Als Ersatz dafür müssen eine nach des Verfassers Tode in der zweiten Hälfte des 14. Jahrhunderts gefertigte griechische Übersetzung und eine später aus dieser abgeleitete lateinische Rückübersetzung dienen.

Der griechische Übersetzer des Ricoldus war Demetrios Kydones. Als theologischer und Profanschriftsteller hatte er sich einen angesehenen Namen gemacht; er beherrschte die lateinische Sprache und war einer der wenigen byzantinischen Kenner der lateinischen Literatur des Mittelalters, aus der er einige theologische Traktate übersetzt hatte[2]). Während seines Aufenthalts in Italien ist er mit der Schrift des Ricoldus bekannt geworden und entschloß sich, das Werk des italienischen Mönchs in getreuer Übersetzung für seine Landsleute nutzbar zu machen. Bestimmend mochte für ihn das unaufhaltsame Vordringen der Türken und die Unterwerfung griechischer Gebiete gewesen sein; denn es wuchs damit die Gefahr, daß viele nicht fest im Glauben stehende Christen, sei es durch zwangsweise Bekehrung, sei es durch die Werbekraft des Islams und die von ihm gepredigte bequeme, laxe Moral zum Übertritt verführt oder genötigt werden könnten. Ihnen und den griechischen Christen überhaupt das Gewissen zu

---

[1]) Laurent a. a. O. 103, erwähnt eine Pariser Handschrift und angebliche Venezianer Drucke. Die Richtigkeit dieser Angabe ist nicht festzustellen.

[2]) Über Demetrios Kydones Krumbacher 487. Migne Patr. gr. 154, 825 ff.

schärfen, mochte es dem Demetrios Kydones ratsam erscheinen, die Lehre Mohammeds in ihrer wahren Gestalt ihnen vorzuführen.

In dieser griechischen Übersetzung ist die Schrift des Ricoldus zunächst überliefert worden[1]). Über hundert Jahre später, jedenfalls erst nach 1492 hat ein gewisser Bartholomaeus de Monte Arduo den griechischen Text des Kydones-Ricoldus ins Lateinische zurückübersetzt und diese Übertragung Ferdinand dem Katholischen als dem Eroberer Granadas und dem Vertreiber der Mauren aus Spanien gewidmet. Sie ist mehrmals teils allein, teils mit dem griechischen Texte durch den Druck verbreitet worden[2]).

Als literarisches Erzeugnis überragt das Werk des Ricoldus die früheren byzantinischen Streitschriften ähnlichen Inhalts um ein Bedeutendes. Sein Wert besteht hauptsächlich darin, daß der Verfasser seine Studien an Ort und Stelle gemacht und seine Ausführungen aus eigner unmittelbarer Anschauung geschöpft hat, und daß er sich meist einer anerkennenswerten objectiven Kritik befleißigt. Unter den von ihm benutzten Quellen

---

1) Migne, P. g. 154, 1037—1152, nach dem Basler Druck von 1543.

2) Nach einer Notiz bei Laurent 104 zuerst in Paris 1506, dann in Basel 1543, nach diesem Druck bei Migne a. a. O. Die Kgl. Bibliothek zu Königsberg besitzt aber noch in einem aus der Bücherei des Herzogs Albrecht stammenden Quartband einen Druck von 1511, veranstaltet auf Veranlassung des Jacob Faber durch Henricus Stephanus. Bl. 1 enthält die Widmung Fabers an den Beichtvater des französischen Königs. Bl. 2: Ricoldi ex ordine fratrum praedicatorum Confutatio legis a maledicto Machumete Saraceni latae per Bartholomeum Picenum de Monte arduo e Graeco in Latinum conversa. Bl. 22 enthält den Druckvermerk: Impressum Parisiis in officina Henrici Stephani, e regione Scholarii Decretorum sita, anno Christo Dei per sanguinem Testamenti sui et evangelium aeternum ubique credendum et venerandum Salutoris nostri MDXI 16 Aprilis.

steht der Koran, mit dessen Inhalt er sich im Urtext genau vertraut gemacht hat, an erster Stelle. Fort und fort beruft er sich auf Aussprüche daraus, die er meist in wortgetreuer Übersetzung wiedergibt. Die betreffenden Suren werden fast durchweg nach ihren arabischen Überschriften in entsprechender Transscription zitiert [1]).

Außer dem Koran hat Ricoldus arabische biographisch-historische Schriften, Auslegungen des Korans und auch eine angeblich von Mohammed verfaßte Darstellung seiner Lehre verwertet [2]). Daß er von Zeugnissen aus dem alten und neuen Testament, wenn auch in bescheideneren Grenzen, als dies von den meisten byzantinischen Polemikern geschehen ist, Gebrauch gemacht hat, ist selbsverständlich; bisweilen greift er auch auf Aussprüche der griechischen Philosophen und der Kirchenväter als Beweiszeugen zurück.

Auch Ricoldus sieht in dem Islam die jüngste und dem Christentum gefährlichste Häresie. Gleich in dem ersten der 17 Kapitel, in die er seine Darstellung geteilt hat, weist er darauf hin, daß eine Anzahl der Dogmen des Islam sich mit den Ansichten früherer christlicher Sektenführer decken und führt an einer späteren Stelle (Kap. 12) diese Übereinstimmung darauf zurück, daß — was ja auch die geschichtliche Überlieferung anerkennt — Mohammed sich vor seinem öffentlichen Auftreten von Jakobiten, Nestorianern und

---

[1]) Z. B. Sure 3 Elnesa (Weiber), Sure 5 Elmaida (Tisch), Sure 9 Teultempe verderbt für Elteube (Buße), Sure 24 Elnur (Licht), Sure 95 Eltin (Feige) u. a. Überschriften wie: Tulem, Elnael, Ovem habe ich nicht ermitteln können.

[2]) Nach dem griechischen Text: „βίβλιον τῆς διδασκαλίας τοῦ Μαχούμετ," Migne a. a. O. 1062, 1081.

Juden über die Lehre des Christentums habe unterweisen lassen.

In den folgenden Kapiteln sucht er den Nachweis zu erbringen, daß der Koran kein göttliches Gesetz sei. Er könne nicht göttlichen Ursprungs sein, weil Mohammed für sich kein anderes Zeugnis als sein eigenes anzuführen vermag. Seine Behauptung, daß Jesus ihn als seinen Nachfolger und als göttlichen Gesandten verkündigt habe und daß die Christen das Evangelium durch Ausmerzung seines Namens verfälscht hätten, sei als seine Erfindung nicht ernst zu nehmen (Kap. 3[1]). Auch der Stil, in dem der Koran geschrieben, insbesondere die darin herrschende metrische Rhytmik spreche ebenso gegen seine göttliche Herkunft wie der Mangel jeder systematischen Anordnung des Stoffes und die zahlreichen Wiederholungen und die auffälligen sich in ihm findenden Widersprüche (Kap. 4—6).

Seine Satzungen liefen aber auch der gesunden Vernunft zuwider. Unvernünftig sei, meint Ricoldus —, daß ein so arger Sünder wie Mohammed es gewesen, dessen Tun und Treiben vornehmlich auf Fröhnung grober Sinnlichkeit gerichtet war, sich den Beruf eines göttlichen Propheten anmaße. Der Einwand seiner Anhänger aber, daß auch Moses und David Sünder gewesen, sei hinfällig, da diese wenigstens ihre Verfehlungen durch ernste Reue gesühnt hätten. Ricoldus spottet über die typisch wiederkehrende Formel: „es gibt keinen Gott außer Gott und Mohammed ist sein Gesandter"; klingt das nicht so, als ob man sagte: „ein Mensch ist ein Mensch" oder „ein Esel ist ein Esel?"[2])

---

[1]) Oben S. 31.

[2]) Migne a. a. O. 1076, 1080. Laurent 135.

Weit schlimmer aber sei es, daß Mohammeds Seligkeit für den Gläubigen ausschließlich in Sinnengenüssen im Paradiese bestehe; wie anders nach dem schönen Johanneischen Worte: „darin besteht das ewige Leben, daß wir dich als den wahren und ewigen Gott erkennen“ [1]). Den zahlreichen Lügen und Irrtümern, die sich im Koran finden, widmet Ricoldus ein eignes Kapitel (Kap. 9). Da hier meist schon aus älteren Polemiken Bekanntes wiederholt wird, bedarf es eines nähern Eingehens auf Einzelheiten nicht.

Der Koran ist aber nach Ricoldus nicht nur ein lügenhaftes, sondern auch gewalttätiges und durchaus ungerechtes Gesetz (Kap. 10, 12). Er nenne sich zwar Gesetz der Erlösung (Elesalem), sei in Wahrheit aber ein Gesetz des Schwerts, des Zwangs und der Furcht. „Tötet, tötet Alle, die sich nicht bekehren und nicht glauben wollen“, so lautet sein Gebot, das nur eine Ausnahme für diejenigen kennt, die sich unterwerfen und Tribut zahlen. Vornehmste Verteidiger des Islams seien daher auch die Assassinen. Durch die Aussicht auf die Paradiesesfreuden berauscht, wurden sie schon in jungen Jahren zum Morden auferzogen und sendeten dann ihre Mordboten durch die ganze Welt[2]). Und nicht nur Tötung, auch Raub, Betrug und Eidbruch seien den Bekennern des Propheten gestattete Verbrechen. „Gebt“, so befiehlt der Koran (Sure 8) „den fünften Teil der Beute Gott, seinem Gesandten und den Armen“. Kann Gott — so fragt Ricoldus, so ungerecht

---

[1]) Vgl. Joh. 17, 3.

[2]) Migne, 1108. Hier wird bemerkt, daß die Assassinen dem Sultan von Babylon d, h. von Aegypten untertan seien. Der von ihnen bewohnte Berg soll *Λίλτον* heißen, wahrscheinlich für *Λίβτον*, Abkürzung von Libanon verschrieben.

sein, sich am Raube zu bereichern? oder ist er so arm, daß er nicht von sich aus und ohne Raub für die Armen sorgen kann[1])?

Nachdem unser Verfasser sodann in Kap. 13 einige ziemlich unklare Mitteilungen über Entstehung und Abfassung des Korans gemacht, aus denen sich ergibt, daß schon bei Lebzeiten Mohammeds wie nach seinem Tode keineswegs Einigkeit über Inhalt und Fassung der Satzungen geherrscht habe[2]), folgen Erörterungen über sechs besondere Fragen aus der Lehre Mohammeds, über Gott, Christus, das Wort Gottes usw. (Kap. 15) und schließlich ein Lobeshymnus auf die Vortrefflichkeit des Evangeliums (Kap. 16.)

1) Migne 1112.
2) Migne 1117, 1118.

Zwei Kaiser wider den Islam.

Johannes Kantakuzenos.

Daß die Kaiserwürde in Byzanz sich mit der eines Schriftstellers vereinigen lasse, hatte schon vierhundert Jahre vor Johannes Kantakuzenos der im Purpur geborene Kaiser Konstantin VII. bewiesen, jedoch mit dem Unterschiede, daß dieser schon während seiner Regierung zur Feder gegriffen hatte, Kantakuzen aber erst nach dem Verlust seines Thrones.

Als Politiker und als Staatsmann hat Kantakuzen keinen geringen Teil der Schuld an dem Zusammenbruch des oströmischen Reiches getragen. Seine Usurpation der Herrschaft unter Mißachtung der Rechte des legitimen Erben der Palaeologendynastie, seines Schwiegersohns Johannes V., und die zwischen beiden und ihren Anhängern geführten unseligen Kämpfe hatten die Kräfte des Reiches erschöpft und den Türken die Festsetzung auf europäischem Boden ermöglicht. Als er im Jahre 1355 seinem Schwiegersohn unterlag und zur Thronentsagung genötigt wurde, vertauschte er, dem Beispiele anderer Kaiser in ähnlicher Lage folgend, den Purpur mit dem Mönchsgewand und zog sich als Mönch Joasaph in die Klosterzelle zurück, bis ihn 1383 der Tod abrief.

Die unfreiwillige Muße im Kloster benutzte der Exkaiser dazu, sich literarisch zu betätigen. Hier entstand, abgesehen von kleineren theologischen Abhandlungen, in denen er in den damals die Gemüter bewegenden dogmatischen Streitfragen Stellung nahm, sein großes Geschichts- und Memoirenwerk, das vornehmlich seinen Ruf als Schriftsteller begründete; hier hatte er etwas früher auch eine umfangreiche Streitschrift wider Mohammed und seine Sekte verfaßt[1]). Dies Werk zerfällt in zwei gesonderte Teile, deren erster in vier Apologien einige Hauptlehren des Christentums gegen die von den Moslims dagegen erhobenen Angriffe verteidigt, während der zweite rein polemisch gehaltene Teil in vier Abhandlungen (*Λόγοι* genannt) der Widerlegung der Irrtümer und Unwahrheiten Mohammeds und des Korans gewidmet ist. Beide Teile sind aber als ein zusammenhängendes Ganze gedacht, was sich daraus ergibt, daß an mehreren Stellen des zweiten Teiles auf die vorangehenden Apologien Bezug genommen wird. Die Scheidung in die zwei Teile erinnert an die von dem Byzantiner Niketas verwendete Systematik.

Für die Zeit der Abfassung der Schrift kommt eine Bemerkung des Verfassers in der ersten Apologie in Betracht. „Die Juden“, so sagt er, „folgen, obschon 1360 Jahre seit der Kreuzigung verstrichen sind, noch immer ihrem alten Gesetz und haben sich von jedem Götzendienst ferngehalten[2]). Nimmt man nun, wie üblich, das Jahr 30 unserer Zeitrechnung als das des Todes Christi an, so kommt man, da der Verfasser von der Gegenwart spricht, auf das Jahr 1390. Dem steht aber die Tatsache entgegen, daß er bereits 1383 verstorben

---

[1]) Migne, Pat. gr. 154, 371—692.

[2]) Migne a. a. O. 389. *Ἀπὸ δὲ τῆς τοῦ Κυρίου σταυρώσεως εἰσι χρόνοι χίλιοι τριακόσιοι ἑξήκοντα κ. τ. λ.*

ist. Ungewöhnlich ist auch die Rechnung nach Jahren nach der Kreuzigung, während der Verfasser selbst anderwärts sich der Ära von der Geburt des Herrn bedient[1]). Zu einer befriedigenden Lösung kann man aber gelangen, wenn man in der obigen Stelle statt *σταυρώσεως*, *σαρκώσεως* liest, eine Verwechselung, die einem Abschreiber leicht passieren konnte und nicht dem Verfasser zur Last fallen würde. Damit wäre dann das Jahr 1360 als das ungefähre Datum der Abfassung der Apologien gefunden, und dies könnte auch für die des zweiten Teils gelten.

Besondere Besprechung bedarf das den Abhandlungen vorangestellte Vorwort, das über die Vorgeschichte und die Veranlassung des ganzen Werks Aufschluß gibt. Hier wird folgendes berichtet[2]).

Ein angesehener Moslim, dem Namen Achaemenides nach persischer Abstammung, ist seinem Glauben untreu und ist Christ geworden. Aus seiner Heimat vertrieben und seiner Güter beraubt, flieht er zum Kaiser Kantakuzen und wird von diesem freundlich aufgenommen. Unter dem Namen Meletios nimmt er mit ihm das Mönchsgewand und wird sein Klostergenosse. Ein Landsmann, der Perser Sampsates aus Ispahan[3]), bemüht sich in einem in vulgärgriechischer Sprache an Meletios gerichteten Schreiben diesen zur Rückkehr zu seinem frühern Glauben zu bewegen, verspricht auch für seine Rehabilitation sich bei dem „großen Emir" (offenbar der damalige Osmanenherrscher Murad I.) zu verwenden. Er hält Meletios die Vorzüge des Islam vor

---

1) Migne, 601. *Ἀπὸ τοῦ Κυρίου — σαρκώσεως.*

2) Migne, 371—77.

3) In den Druckausgaben (auch bei Migne, 573) ist der Name verdruckt *Σαμψατίνης Σπαχάνης* wiedergegeben.

dem Christentum mit seiner Vielgötterei entgegen und legt ihm zum Schluß eine Reihe von Einwendungen zum Teil in Frageform zur Beachtung vor. Unter andern: Wie könne Gott einen Sohn haben ohne Weib? Wie könne der Gottessohn zugleich Mensch geworden sein? Warum hat Christus, wenn er Gottessohn und Gott gewesen, sich nicht durch ein einfaches Wort vor dem Tode bewahrt? Wie konnte er als Gott leiden? usw.

Meletios traut sich nicht die Fähigkeit zu, das Schreiben selbst zu beantworten, er wendet sich deshalb an seinen kaiserlichen Genossen, und dieser leiht ihm seine Feder und seine Gedanken. Unter der Maske und dem Namen Meletios beantwortet der ehemalige Kaiser in vier in Briefform an den Perser adressierten Apologien die von ihm gestellten Fragen unter Verteidigung und Rechtfertigung der angegriffenen christlichen Dogmen. Außerdem nimmt er Veranlassung, in vier weiteren Abhandlungen die Irrlehren und Widersprüche im Islam aufzudecken. So das Vorwort.

Daß das Vorwort von demselben Verfasser wie die Schrift, d. h. von Kantakuzen, herrührt, kann nicht bezweifelt werden. Ohne diese Annahme wären wenigstens die Apologien unverständlich. Daß aber der Verfasser sich in dem Vorworte noch als Kaiser bezeichnet, darf nicht auffallen; auch in seinem Geschichtswerke nennt er sich, und zwar auch in den nach seiner Thronentsagung geschilderten Partien, immer noch *βασιλεύς*[1]). Die Kaiserwürde gewährte einen Character indelebilis. Eine andere Frage ist: ob der Briefwechsel zwischen dem Perser und Meletios-Kantakuzen ein tatsächlicher oder nur fingierter gewesen. Viel spricht allerdings für das Letztere. Schon der Name Achaemenides, der nicht ein wirklicher

[1]) Hist. IV c. 49, 50, Migne a. a. O. 362 ff.

Personenname ist, sondern nur einen Stammnamen wiedergibt, erregt Bedenken. Daß ferner der Perser sich in seinem Briefe des Vulgärgriechischen bedient, während es doch natürlicher gewesen wäre, wenn er an seinen Landsmann in der eignen Sprache geschrieben hätte, ist zwar ein geschickter Zug des Verfassers, der auch Ton und Stil des Orientalen nachzuahmen versucht[1], läßt aber die Absicht der Verschleierung deutlich erkennen. Auch der Umfang der zu einem Buche angeschwollenen Apologien mit ihrer übermäßigen Breite läßt sich kaum mit der Briefform einer einfachen Antwort vereinigen. Unwillkürlich fragt man: wird der Perser das klassische Griechisch des Schreibers verstehen? Wie soll er die vielen Zitate aus dem Alten und dem Neuen Testamente mit denen der Verfasser seine Argumente unterstützt, würdigen? Weniger wäre hier mehr gewesen. Das Ganze ist nach der Schablone ähnlicher Apologien abgefaßt, ein Bekehrungsversuch, der auf einen gebildeten Moslim schwerlich Eindruck gemacht haben wird, ein Versuch mit untauglichen Mitteln. So sprechen überwiegende Momente dafür, daß es sich nicht um eine tatsächlich geführte Korrespondenz zwischen Christ und Muselman handele, sondern um eine nicht ungeschickt angelegte Fiktion einer solchen.

Nun in aller Kürze zu den Apologien selbst. Die erste[2]) gibt Antwort auf die Fragen: wie Gott einen Sohn haben könne, der zugleich Gott und Mensch gewesen sein soll? Unter Hinweis auf die unbegreifliche Allmacht Gottes, der auch das Unmögliche möglich sei, führt der Verfasser zahlreiche Aussprüche aus dem Alten

---

[1]) Z. B. in der Überschrift: „im Namen Gottes des Erbarmers und Barmherzigen".

[2]) Migne, 378—438.

Testamente, Zeugnisse Abrahams, Mosis, Davids und der Propheten an, in denen unfehlbar die Göttlichkeit und Menschlichkeit Christi geweissagt und verkündigt werden. Sogar das Wunder des feurigen Busches am Berge Horeb wird als eine Vorbedeutung für die jungfräuliche Empfängnis der Maria herangezogen [1]. Nicht minder werden die Zeugnisse aus dem Evangelium für die wunderbare Geburt und die Doppelnatur des Heilands verwertet und besonderes Gewicht auf die Anbetung der weisen Magier mit ihren dreierlei Gaben: Gold für den König, Weihrauch für den Gott und Myrrhen für den dem Tode geweihten Sterblichen, gelegt [2].

Die weiteren Fragen: Warum und wie Christus Gott und zugleich Mensch geworden? Warum er als Gott nicht vor dem Leiden und Sterben bewahrt worden? werden in der zweiten Apologie behandelt [3]. Der Verfasser geht, um die Bedeutung Christi für die Menschheit nachzuweisen, von dem Sündenfall des ersten Menschenpaares aus und weist des näheren nach, wie die Sündhaftigkeit des Menschengeschlechts die Erlösung durch einen Heiland mit Notwendigkeit erheische. Dann gibt er an der Hand der Evangelienberichte eine Darstellung der Laufbahn Jesu, seiner Passion, seines Todes (wobei die Fabel von der Unterschiebung eines andern bei der Kreuzigung zurückgewiesen wird) und seiner Auferstehung. Durch Christi Tod sei die Menschheit von der Macht des Teufels und den Schrecken des Todes befreit worden. Das Gnadengeschenk der Auferstehung gebe allen Menschen die Gewähr, daß der Tod nicht mehr Tod, sondern nur noch ein Schlaf sei.

---

1) Migne, 412.

2) Migne, 424 ff.

3) Migne, 439—498.

Warum aber Gott dem Gottessohn das furchtbare Leiden und Sterben nicht erspart habe, das könne mit dem bloßen Verstande nicht begriffen und erklärt werden; man müsse sich in der wahren Liebe zu Gott mit der Ergebung in seinen unbegreiflichen Willen abfinden und mit der Tatsache begnügen, daß sein Wille geschehen sei.

In der dritten Apologie[1]) wird die Ausbreitung der Lehre Christi durch die Apostel und später durch die vielen Märtyrer als Blutzeugen ihres Glaubens sowie durch ihre Wunder dargelegt[2]). Ein für Christus zeugendes Wunder wiederhole sich noch jetzt alljährlich in der Grabeskirche zu Jerusalem, wenn, während der Christen Loblieder erschallen, die Lampen plötzlich durch einen vom Himmel kommenden Lichtstrahl sich entzündeten, ein Wunder, das die Muselmanen selbst als Augenzeugen bestätigen[3]).

Dann weist der Verfasser einige den Christen gemachte unberechtigte Vorwürfe zurück, so den, daß sie drei Götter: Vater, Mutter und Sohn hätten, da doch die Jungfrau Maria eine menschliche Kreatur nur als Mutter des Heilands und als Mittlerin und Fürbitterin für die Sünder hochverehrt werde. Die Verehrung des Kreuzes und der Heiligenbilder rechtfertigt er als einen geschichtlich gewordenen unschädlichen Gebrauch.

Die vierte Apologie[4]) weicht von den drei frühern insofern ab, als der Verfasser sich nicht auf Abwehr gegnerischer Angriffe beschränkt, sondern selbst zur Offensive gegen einige Behauptungen Mohammeds vorgeht. Er widerlegt hier Aussprüche, wie „daß Gott

---

[1]) Migne, 499—532.

[2]) Migne, 512. Den Moslim wird vorgehalten, daß sie selbst den Heiligen Georg als Chetir-Elias verehrten. Vgl. über Chetir-Chidr Sprenger II, 466 ff. Über die Verbindung mit Elias Wahl 443 ff.

[3]) Migne, 517.

[4]) Migne 532—584.

alles für Mohammed geschaffen habe"; „daß Mohammed nicht gekommen sei, das Gesetz durch Wunder zu betätigen, sondern mit der Schärfe des Schwerts". Desgleichen verwirft er die mehrfach berührte Fabel, daß Mohammeds Name bereits im Alten und Neuen Testamente verkündigt worden, aber von den Christen aus Neid und Bosheit daraus entfernt worden sei. Dem Vorwurf, daß die Christen das Gesetz Mosis mißachteten und nicht befolgten, begegnet er mit Gegenüberstellung der wichtigsten Gebote jenes mit den Aussprüchen Christi, aus denen sich ergebe, daß das Evangelium das mosaische Gesetz erfüllt, vollendet und verbessert habe.

Zum Schlusse richtet der Verfasser an den Perser Sampsates, den angeblichen Empfänger dieser Briefe, die Mahnung, das Gesagte sorgfältig zu bedenken und die Wahrheit des Evangeliums anzunehmen[1]).

Auf die Apologien folgen vier, den zweiten Teil der Gesamtschrift bildende Abhandlungen desselben Verfassers, in denen er sich direkt gegen Mohammed und seine Lehre wendet[2]). Die Briefform ist in ihnen aufgegeben; sie richten sich nicht an eine bestimmte Person, sondern an alle, die sich bemühen, die Wahrheit zu suchen. Einleitend erklärt der Verfasser, daß er nicht alles bekämpfen wolle, was Mohammed Unvernünftiges, Gefährliches und Schlechtes gesagt und gelehrt, sondern nur „dasjenige, worin er sich in Blasphemien gegen Christus und sein Leben im Fleische vergangen habe", doch ist diese Schranke von ihm nicht immer streng eingehalten.

Sein Urteil über Mohammed lautet durchaus abfällig. Gleich den frühern Byzantinern beschuldigt er ihn größter Laster, überhäuft ihn mit Schmähworten und

---

[1]) Migne, 581.
[2]) Migne, 583—692.

sieht in ihm die Verkörperung des Satans. Wie dieser ist auch Mohammed hochfahrend, ein Mörder, ein Lügner und Heuchler und ein Verführer, und sein Koran nur ein von Dämonen eingegebenes, mit Hilfe von Häretikern und Juden zusammengebrachtes, echt teufliches Werk[1]). Und mit dem Stifter der Sekte trifft der Haß und die Mißachtung des Verfassers auch alle seine Anhänger. Hier tritt aber ein auffallender Gegensatz zwischen den Ansichten des die scharfe Feder führenden Mönchs Joasaph und denen seines ehemaligen kaiserlichen Ichs zutage. Gar nicht so weit liegt die Zeit zurück, da er als Kaiser keineswegs sich gegen die Ungläubigen so schroff verhielt, da er mit mohammedanischen Fürsten, türkischen Emirn und dem Sultan von Ägypten freundschaftlichen Verkehr pflog[2]) und er sich keine Gewissensskrupel machte, als christustreuer Kaiser (*ἐν χριστῷ πιστὸς βασιλεὺς*) sein Kind dem Türken zum Weibe zu geben. Diese Divergenz in den Anschauungen ist nicht geeignet, den Charakter Kantakuzens in einem besonders günstigen Lichte erscheinen zu lassen.

Einen nicht geringen Teil des hier behandelten Stoffes hat dem Verfasser das früher besprochene Werk des Ricoldus und zwar in der griechischen Übersetzung des Kydones geliefert. Die nahen Beziehungen, in denen dieser zum Kaiser gestanden hatte — war er doch sein vertrauter Berater gewesen und hatte ihm bei seinem Übertritt zum Klosterleben das Geleit gegeben[3]) —, erklären es, daß ihm sein Werk nicht unbekannt geblieben sei. Vielleicht dürfte sogar die Anregung, sich mit dem Islam auseinanderzusetzen, von Kydones ausgegangen

---

1) Migne, 601, 602, 692.
2) Kantak. Hist. IV c. 14.
3) Kantak. Hist. c. 16, 39.

sein. Jedenfalls ergibt der Vergleich der Abhandlungen Kantakuzens mit der Übersetzung des Ricoldus, daß er diese reichlich benutzt hat [1]). Ohne sich an die bei ihm vorgefundene Stoffordnung zu binden, hat er daraus ganze Stücke teils wörtlich, teils mit Kürzungen seiner Schrift einverleibt, auch die dort zitierten Koranstellen mit den entsprechenden Überschriften mit aufgenommen. Eine direkte Benutzung der älteren Streitschriften gegen den Islam ist nicht nachzuweisen, ebensowenig anderweite Quellen, die der Verfasser etwa neben Kydones benutzt habe. Seine eigene Arbeit besteht in näherer Ausführung der behandelten Fragen und eignen Zutaten unter reichlicher Verwendung der Zeugnisse aus der Heiligen Schrift und bisweilen auch aus der Profanliteratur. Mehrmals wird auf die vorangehenden Apologien ausdrücklich verwiesen [2]).

Für die einzelnen Abhandlungen wird eine kurze Inhaltsangabe genügen.

Die erste beschäftigt sich mit der Person Mohammeds und der Abfassung des Korans [3]). Von den 13 Kapiteln, aus denen sie besteht, gehören die meisten (Kap. 3—10 ganz, Kap. 12, 13 teilweise) der vorgedachten Schrift des Ricoldus-Kydones an. Der Verfasser weist zunächst die Anmaßung Mohammeds zurück, sich Prophet Gottes zu nennen, indem er das wahre Wesen eines Propheten näher darlegt. Dann widerlegt er einige seiner Aussprüche, so den, daß er nicht gekommen sei, durch Wunder, sondern mit der Schärfe des Schwertes und der Todesstrafe seine Lehre durchzusetzen, und

---

[1]) Eine Benutzung des Originals des Ricoldus ist ausgeschlossen, wenngleich Kantak. den Ricoldus an einer Stelle mit der unrichtigen Jahreszahl 1210 erwähnt. Migne, 602 u. oben S. 43.

[2]) Z. B. Migne, 596, 600, 606, 622, 652 u. a. m.

[3]) Migne, 589—614.

führt im Anschluß an Ricoldus die drastische Szene vor, wie Mohammed seinem eigenen Oheim den Tod androhte, falls er sich nicht bekehrte[1]). Die Behauptung, daß Noah, die Erzväter, ja sogar die Apostel Christi Anhänger Mohammeds gewesen, wird als unsinnig abgewiesen, nicht minder die, daß sein Name in der Heiligen Schrift verkündigt worden, aber hinterher von Juden und Christen daraus entfernt worden sei.

In der zweiten Abhandlung[2]) werden zahlreiche Irrtümer, Unwahrheiten und Widersprüche nachgewiesen, in denen sich Mohammed und der Koran bewegen; der Verfasser folgt hier meist den Ausführungen des Ricoldus; von den 25 Kapiteln dieses Abschnitts gehören ihm eigentlich nur 4 (Kap. 11, 12, 23, 24) an. Unter anderem wird die billige Moral gegeißelt, die den Bekennern des Islam die größten Sünden und Laster gestattet und sie auf die Sinnengenüsse im Paradiese verweist (Kap. 6—8, 10, 11); es werden ferner die im Koran vorgetragenen törichten Ansichten über die Schöpfung des Himmels und der Erde, der Menschen und der Tiere und über den Untergang der Welt verspottet (Kap. 12, 16, 17, 21) und die angebliche Spaltung des Mondes (Kap. 23) lächerlich gemacht. Im letzten Kapitel 25 wird in breiter Ausführung die Behauptung widerlegt, daß die Juden und Christen, weil sie wegen ihrer Sünden gestraft werden, nicht Freunde Gottes seien.

Obschon das Wesen Christi bereits in den Apologien eingehend erörtert worden, kommt der Verfasser in der dritten Apologie[3]) noch einmal auf die dort besprochenen Fragen zurück. Die verwerflichen Ansichten

---

1) Migne 613.
2) Migne 615—651.
3) Migne, 651—675.

Mohammeds über die Natur Christi werden widerlegt und auf Einflüsse gewisser Sekten (Donatisten, Manichäer u. a.) zurückgeführt. In den acht Kapiteln dieses Abschnitt ist Ricoldus nicht benutzt worden.

Die vierte Abhandlung gibt in drei Kapiteln eine Nachlese zu dem Voraufgehenden[1]. Hervorzuheben ist der aus Ricoldus stammende Bericht über die Nacht- und Himmelfahrt des Propheten, die in längerer Darlegung als ein unmögliches Ereignis nachgewiesen wird. Zum Schlusse weiht der Verfasser den Gott Mohammeds, „jenes sphärische, eiskalte Körperwesen[2], eine Sonne ohne Licht, eine Quelle ohne Wasser, ein Geist ohne Verstand“, dem Untergang und preist ihm gegenüber den wahren von den Christen geglaubten und verehrten Gott: „den einzigen, vor allem, in allem, über allem als Vater, Sohn und Heiliger Geist, als Einheit in der Trias und Trias in der Einheit bestehenden Gott, der am jüngsten Gerichtstage durch Fürbitte unserer heiligen Herrin, der Gottesmutter und Jungfrau Maria samt allen Heiligen allen Christen gnädig sein möge.“

Manuel II. Palaeologos.

Kantakuzen war nicht der letzte Kaiser, der sich mit den Problemen des Islams literarisch befaßte. Sein Enkel, Kaiser Manuel Palaeologos[3], ist ihm auf diesem Gebiete gefolgt. Als Herrscher wie als Schriftsteller nimmt er unter seinen Zeitgenossen eine hervorragende Stellung ein. Während seiner mehr als dreißigjährigen

---

1) Migne, 675—699.

2) Migne, 692 „*ὁλόσφαιρον, ψυχρότατον*“.

3) Er war Sohn der mit Kaiser Johannes V. vermählten Tochter Kantakuzens.

Regierung (1391—1423) gelang es ihm unter den schwierigsten Verhältnissen, den Untergang des Reichs zeitweilig aufzuhalten, und als Schriftsteller hat er sich auf verschiedenen Gebieten der Literatur durch eine Anzahl von Schriften rhetorischen, moralphilosophischen und theologischen Inhalts erfolgreich betätigt[1]. Hier kommt eine von ihm herrührende Sammlung von Gesprächen in Betracht, die er mit einem alten Türken über die wichtigsten Fragen der beiderseitigen Religionen gehalten hat, in denen er unter Bekämpfung gegnerischer Ansichten den Moslim von der Vortrefflichkeit des christlichen Dogmas zu überzeugen versuchte. Von den 26 Dialogen, aus denen diese Sammlung besteht, sind bisher nur die beiden ersten im Drucke erschienen[2], die übrigen ruhen noch handschriftlich in den Bibliotheken und Archiven und harren des Herausgebers.

Es war im Jahre 1390. Den Türken gebot der gefürchtete Sultan Bajazit, genannt der „Blitz" (Iltrim), der vor kurzem seinem auf dem Schlachtfelde von Kossovo polje (6. Juni 1389) durch Mörderhand gefallenen Vater Murad gefolgt war. In Byzanz regierte nominell der Vater Manuels, der altersschwache, vielgeprüfte Kaiser Johannes Palaeologos, ein Schattenherrscher, der zum tributpflichtigen Vasallen des übermächtigen Türken gedemütigt worden war. Auf Verlangen des Sultans mußte er zu einem Kriegszug in Kleinasien ein Hilfskorps unter dem Befehl seines Thronerben und Mitregenten Manuel stellen[3]. So kam Manuel zu Bajazit und blieb auch nach beendigtem Feldzuge gewissermaßen als

---

[1]) Migne, Patr. gr. 156, 83—92.

[2]) Herausgegeben von C. B. Hase, Paris 1810. Danach Migne, Patr. gr. 156, 126—173.

[3]) Vgl. Ducas, Hist. byz. 47 (ed. Bonn).

Geisel an seinem Hof, den er im Winter 1390 in der Hauptstadt des alten Galatiens, in Ankyra, aufgeschlagen hatte. Hier nahm Manuel sein Quartier im Hause eines greisen, hochangesehenen Türken, der die Würde und Ehrenstellung eines „Muderris“[1]), d. h. eines in der Religion und in den Gesetzen bewanderten Gelehrten einnahm. Manuel rühmt mehrmals die allgemeine Bildung und Güte dieses Mannes, wenngleich er als feingebildeter Grieche in ihm nur einen Barbaren sieht.

Am häuslichen Herde, in den Abend- und Nachtstunden fanden nun jene Unterredungen zwischen den beiden statt, an denen auch des Türken jugendliche Söhne sich beteiligten, bei denen zuweilen auch ein Kreis von Freunden und Nachbarn ihr Interesse durch Zuhören kundgab. Die Unterhaltung wurde allerdings wesentlich dadurch erschwert, daß weder Manuel das Türkische oder Arabische verstand, noch der Türke des Griechischen mächtig war; es mußten daher Dolmetscher zugezogen werden, die die Verständigung vermittelten. Beide Teile beklagten dies, und mehr als einmal bedauerte Manuel, daß der richtige Sinn des von ihm Vorgetragenen erst nach mehrmaliger Wiederholung erfaßt worden sei.

Die Anregung zu den Gesprächen ging von dem Türken aus. Er wünschte Aufklärung über die christliche Religion zu erhalten, über die ihm bisher von seinen Landsleuten nur widerspruchsvolle Mitteilungen gemacht worden seien. Über das bekannte Disputierverbot glaubte er sich bei seinem Bestreben, die Wahrheit zu erforschen, hinwegsetzen zu dürfen.

In dem ersten Gespräche[2]) stellte der Türke die

[1]) Μουτερίζης.

[2]) Migne, a. a. O. 123—150.

Frage nach der Natur der Engel. Während der Moslim deren Sterblichkeit behauptet, tritt Manuel für ihre Unsterblichkeit ein. Beweise für und gegen werden aus dem Wesen der Seele, ihrem Verhältnis zum Körper und ihrer Fortdauer nach dem Tode entnommen. Manuel aber folgert die Unsterblichkeit der Engel aus ihrem im Gegensatz zum Menschen höher gearteten Wesen, das aus einfachen Elementen einheitlich gebildet sei und keiner Wandlung unterliege. Mit dieser Erklärung gab sich auch der Gegner schließlich zufrieden.

Am folgenden Abende fand die zweite Unterhaltung statt[1]), bei der zunächst über die Erschaffung der Welt gesprochen und von Manuel ein Abriß der mosaischen Schöpfungsgeschichte gegeben wurde, der in den Hauptzügen auch von den Moslims als richtig anerkannt wurde. Dann trat ein Zwischenfall ein, der eines gewissen Humors nicht entbehrt. Die Türken behaupteten nämlich, daß die beiden Frommen Henoch und Elias[2]) in den Himmel aufgenommen seien, um nach dem Willen Gottes den Gläubigen ihre Kleider zu nähen. Sie sind also wohl — meinte scherzweise Manuel — bei Lebzeiten Flickschneider gewesen, und erzählt dabei, wie einst sein Vater Kaiser Johannes seinem Jagdgaste Sultan Murad, als dieser die Arbeiten der beiden Frommen gerühmt, mit den Worten lachend unterbrochen habe: „Hältst du das wirklich für eine große Ehre und ein der lebenslangen Tugend und Arbeit entsprechendes göttliches Geschenk, was andere als harte Strafe empfinden würden? Stelle dir einen Flickschneider vor, dem die Wahl gelassen wäre, im Jenseits sich ewig mit seiner

---

[1]) Migne a. a. O. 150—174.

[2]) Der arabische Prophet, Idris wird mit dem biblischen Henoch zusammengeworfen.

Arbeit zu quälen oder einfach zu sterben und bekleidet wieder aufzustehen. Sicherlich würde er sofort die Nadel fortwerfen und beschwören, daß er von seinem Handwerk nicht das mindeste verstände[1]." Diese scherzhafte Wendung war jedoch nicht nach dem Geschmacke des Türken und seiner Söhne. Man verließ daher dies heikle Thema und beschäftigte sich mit den Schilderungen, die der Vater von dem Paradiese der Moslims gab. In düstern Farben malte er den das Paradies umgebenden Feuerpfuhl, dem die verdammten Sünder anheimfielen und pries andererseits in begeisterten Worten die Freuden und Genüsse der ins Paradies aufgenommenen Gläubigen. Die Entscheidung darüber gebühre dem zu Gericht sitzenden Christus; dieser aber werde seinem „Liebling Mohammed" Macht geben, nach seiner Wahl Gläubige aus dem Feuerpfuhl zur Seligkeit zu retten. Gegen solche Willkür erhob aber Manuel entschiedenen Einspruch; sie entspreche weder der menschlichen noch der göttlichen Gerechtigkeit, noch der Stellung Christi; denn er sei Richter über alle, Gute und Böse, Gläubige wie Nichtgläubige, ihm sei nichts verborgen von dem, was sie getan oder nicht getan haben.

Bis zur frühen Morgenstunde wurde die Diskussion eifrig fortgeführt; sie gelangte aber zu keinem Abschluß und wurde abgebrochen und vertagt.

Es ist zu bedauern, daß wir von den ferneren Unterredungen, in denen gerade die wichtigsten Fragen des Islams wie des Christentums behandelt werden, nur die kurzen Inhaltsangaben von B. Hase besitzen[2]); sie sind zu dürftig, um Schlüsse aus ihnen zu ziehen.

---

1) Migne, 153—157.
2) Migne, 123.

Manuel empfing noch während seines Aufenthalts bei Bajazit die Nachricht vom Tode seines Vaters (16. Febr. 1391). Da er Grund zu der Besorgnis hatte, daß der Sultan sich seiner Rückkehr nach Byzanz widersetzen könnte, entzog er sich ihm durch heimliche Flucht und suchte den Zorn des Gewaltigen hinterher durch Erhöhung der Tributleistung zu beschwichtigen[1]. Erst als Kaiser hat Manuel dann den Gesamtbericht über die in Ankyra gehabten Unterredungen abgefaßt und die Schrift seinem Bruder, dem Despoten von Lakedaemon, Theodor, gewidmet[2]. In dem Widmungsschreiben betont der Verfasser, daß er sich bemüht habe, die Auslassungen des Türken so genau als möglich wiederzugeben; es ist also wohl anzunehmen, daß er sich gleich nach den Gesprächen Notizen über den Inhalt gemacht haben werde. Eine Nachprüfung, ob seine Berichte getreu den Unterredungen entsprechen, ist nach Lage der Sache freilich unmöglich.

Da der Despot Theodor Palaeologos im Jahre 1407 verstorben ist[3], so ist die hier besprochene Schrift Kaiser Manuels jedenfalls vor diesem Jahre und wahrscheinlich bald nach 1391 entstanden.

---

[1] Die Nachrichten bei Ducas 48, 49, Phrantzes 56, Chalcondyles 63, 64, stimmen untereinander nicht überein.

[2] Migne 125—134.

[3] Manuel hielt seinem Bruder die bekannte Leichenrede. Migne 175 ff.

Byzantinische Geschichtsschreiber und Chronisten.

Eine bemerkenswerte Erscheinung ist es, daß die byzantinischen Geschichtsschreiber mit wenigen Ausnahmen dem Auftreten Mohammeds und der durch ihn hervorgerufenen religiösen und politischen Bewegung nur ein sehr geringes Interesse entgegengebracht haben Man darf indes nicht die Gleichgültigkeit römischer und griechischer Historiker gegen die Anfänge des Christentums zum Vergleich heranziehen. Denn diese vollzogen sich zunächst ohne Aufsehen zu erregen im Stillen und in engen Kreisen, die der großen Welt verborgen blieben, während Mohammed als Stifter einer neuen Religion sein ganzes Volk mit sich fortriß und seine nächsten Nachfolger in wildem Fanatismus und in unwiderstehlichem Anprall die Großmächte der damaligen Zeit tief erschütterten.

Erheblich später als die Theologen begannen die byzantinischen Chronisten von Mohammed und seiner Lehre Notiz zu nehmen. Als erster ist hier Theophanes zu nennen. In seiner aus dem ersten Jahrzehnt des neunten Jahrhunderts stammenden Chronographie erwähnt er beim 21. Regierungsjahr des Kaisers Herakleios des Todes Mohammeds und fügt einiges über die Abstammung „des Führers der Sarazenen und Pseudopropheten“ und seine Heirat mit der Chadidga hinzu.

Letztere habe mit Unterstützung eines verrufenen Mönchs seine göttliche Sendung propagiert, einige Juden hätten ihn anfangs sogar für den erwarteten Messias gehalten. Seinen Anhängern sei das Paradies mit seinen Freuden versprochen, falls sie einen Feind getötet hätten oder selbst im Kriege gefallen seien[1]).

Diese Mitteilungen von Theophanes sind dann von Späteren öfters ausgeschrieben worden. Sie finden sich mit einigen Zusätzen in Kap. 13, 17 der Schrift Kaiser Konstantins VII. über die Reichsverwaltung, und auch die dem Ende des elften Jahrhunderts angehörige, unter dem Doppelnamen Skylitzes-Kedrenos bekannte Weltchronik bringt die Notiz des Theophanes über Mohammed, vermehrt durch einen kurzen Abriß und einer Kritik seiner Hauptlehren[2]).

Die dürftigen Bemerkungen, die Zonaras und Glykas haben, können übergangen werden. Daß aber weder Niketas Choniates noch Kantakuzen in ihren Geschichtswerken von Mohammed reden, erklärt sich daraus, daß beide in ihren besonderen Streitschriften sich über ihn geäußert haben.

Von den spätesten Byzantinern sind noch Laonikos Chalkondyles und Georgios Phrantzes zu erwähnen.

Der Athener Chalkondyles[3]) kommt im dritten Buche der von ihm als Flüchtling in Venedig verfaßten

---

[1]) Theophan (ed. de Boor) 333.

[2]) Cedren II, 738—744 (ed. Bonn). Am Schlusse gibt Cedren eine an den Morgenstern gerichtete Gebetsformel: „*ἀλὰ ἀλὰ οὐὰ κουβὰρ ἀλὰ*", wobei ihm das Mißverständnis unterlief, „*οὐὰ*" mit „größer" zu übersetzen, während es die arabische Bindepartikel wa = und bedeutet, was Konstantin II 92, der diese Formel ebenfalls mitteilt, richtig erkannt hat. *Καυβὰρ* ist das arabische kebir = groß.

[3]) Über ihn: Güterbock in Zeitschrift für Völkerrecht und Bundesstaatsrecht 4, 72 ff. Er ist wahrscheinlich 1464 gestorben.

Geschichte der Osmanen auf Mohammed — er nennt ihn nach türkischer Sprachweise Mechmet — zu sprechen[1]). Was er aber über seine Person vorbringt, verrät eine unglaubliche Unkenntnis der geschichtlichen Tatsachen, die um so unbegreiflicher erscheint, als er sonst über die Einrichtungen des Türkenstaats gut unterrichtet ist. Aus welchen Quellen er seine verworrenen und widerspruchsvollen Nachrichten geschöpft haben mag, läßt sich nicht feststellen, jedenfalls müssen es recht trübe gewesen sein. Danach soll Mohammed „der von Gott zur Berichtigung seiner Vorgänger in die Welt gesandte Gesetzgeber", ein Sohn Alis, des Beherrschers des glücklichen Arabiens gewesen sein (!). Ali wird aber auch der eigene Sohn Mohammeds genannt, unter dessen Regierung er gestorben und in Mekka begraben sei (!). Dieser Ali habe zu seinem Nachfolger den Omur (!), seinen Lieblingsschüler, ernannt[2]), der dann Syrien und Kleinasien dem neuen Glauben gewonnen habe. Besser unterrichtet zeigt sich Chalkondyles über die von Mohammed als Gesetzgeber gegebenen Satzungen, z. B. über die Gebete, die Waschungen, das Fasten, über Zulässigkeit mehrerer Weiber usw.

Chalkondyles besitzt eine für einen Byzantiner seltene Freiheit von vorgefaßten Meinungen und Vorurteilen in religiösen Fragen; deshalb hat er sich auch einer schroffen Kritik und Polemik dem Islam gegenüber enthalten; und so bildet seine Darstellung einen bemerkenswerten Gegensatz zu den meist mit Schmähungen erfüllten byzantinischen Streitschriften.

---

[1]) Chalkondyl, 120—125 (ed. Bonn).

[2]) Ali ist wohl mit dem Neffen und Schwiegersohn Mohammeds verwechselt, Omur mit Omar. Abubekr wird gar nicht erwähnt.

Anders Phrantzes, der treue Anhänger der letzten Palaeologen und vertraute Freund des unglücklichen Kaisers Konstantin. Aus seinem Hasse gegen den „dreimal verfluchten Lügenpropheten" macht er kein Hehl und gibt dem an verschiedenen Stellen seines Werkes den entsprechenden Ausdruck. In ihm erblickt er die letzte Ursache des Untergangs seines Vaterlands und der schweren Leiden, die ihn persönlich betroffen haben[1]. Seine Chronik, in der er die Geschichte des Reichs von 1258 bis 1477 behandelt und mit ihr seine eigenen Erlebnisse verwebt hat, liegt in zwei Redaktionen vor, eine kürzere, mit dem Jahr 1402 beginnende, die offenbar den ersten Entwurf des Werkes darstellt, und eine um mancherlei Zutaten vermehrte größere Ausgabe[2]. Nur in dieser, nicht in der kürzeren Fassung finden sich zwei Stellen, in denen von Mohammed und seiner Lehre gehandelt wird. Doch enthalten sie fast nur Mitteilungen aus Schriften anderer, nicht eigene Arbeit des Verfassers.

Die eine Stelle, Kap. 10 und 11 des dritten Buches, im Anschluß an die Schilderung der Einnahme der Hauptstadt durch die Türken[3], stammt teilweise aus Theophanes oder aus einem seiner Nachtreter; neu ist nur der mittelbar aus arabischen Quellen übernommene Bericht über ein persönliches Zusammentreffen Mohammeds mit dem aus dem Perserkriege heimkehrenden Kaiser Herakleios, der jenen angeblich mit der Herrschaft über die Sarazenen belehnt habe[4]. Dann kommt Phrantzes

[1] Über sein und seiner Familie Schicksal vgl. Phrantzes (ed. Bonn) 309, 383, 385.

[2] Vgl. Krumbacher a. a. O. 308. Die beiden Redaktionen gedruckt bei Migne, Patr. gr. 156, 1025ff.; die größere allein in der Bonner Ausgabe.

[3] Phrantzes 294—302.

[4] Über die arabischen Quellen: Sprenger, III 201ff.

auf den Koran zu sprechen und behauptet, daß er in vier Bücher und jedes dieser in eine Anzahl von Kapiteln zerfalle. Die von ihm gegebene Aufzählung und Inhaltsangabe der einzelnen Kapitel ist aber nichts anderes als ein Plagiat der den vier Abhandlungen Kaiser Kantakuzens vorangestellten Kapitelüberschriften, die hier von Anfang bis zu Ende Wort für Wort abgeschrieben sind[1]. Es ergibt sich daraus, daß Phrantzes den Koran selbst nie in Händen gehabt haben kann. Die zweite erheblich umfangreichere Stelle, Kap. 3—6 des vierten Buches der Chronik, die sich als eine Widerlegung der Irrtümer und Lügen Mohammeds ankündigt[2], ist ebenfalls wörtlich den bekannten Apologien und Abhandlungen des Kaisers Kantakuzen entlehnt und daher ohne eigenen Wert. Wie eine genaue Vergleichung ergibt, entsprechen: Phrantzes IV Kap. 3 (ed. Bonn, 328—333) der Apologie III Kap. 10 (Migne, Patr. gr. 159, 522—525); Phrantzes IV Kap. 4 (ed. Bonn, 333—359) der Apologie IV Kap. 1—7 (Migne, Patr. gr. 533 bis 551); Phrantzes IV Kap. 5 (ed. Bonn, 359—377) der Abhandlung IV Kap. 1—3 (Migne, Patr. gr. 676—692); Phrantzes IV Kap. 6 (ed. Bonn, 377—378) der Abhandlung III Kap. 23 (Migne, Patr. gr. 629—630).

Dabei lassen die Worte, mit denen Phrantzes diesen Abschnitt einleitet, keinen Zweifel darüber, daß er ihn als sein eigenes Geistesprodukt angesehen wissen wollte[3]. Man nahm in jenen Zeiten es mit dem Schutze der

---

[1]) Man vgl. Phrantzes 297—302 mit Migne 154, 583—589.

[2]) Phrantzes, 328—378.

[3]) Die in einigen Handschriften sich findenden Randglossen, in denen auf die benutzten Quellen: „Brief des Mönchs Meletios, vierte Apologie, zweite Abhandlung," hingewiesen wird (328, 20, 333, 15, 359, 5) rühren nicht von Phrantzes her, sie sind spätere Zusätze.

Autorrechte nicht genau, und darf daher auch Plagiate fremder Gedanken und Worte nicht nach heutigen Anschauungen verurteilen.

Die für die hier besprochenen Fragen aus den byzantinischen Historikern gewonnene Ausbeute ist hiernach sehr unbedeutend.

Druck von C. Schulze & Co., G. m. b. H., Gräfenhainichen.

FSC
www.fsc.org
MIX
Papier | Fördert
gute Waldnutzung
FSC® C083411

Kolibri 360 GmbH
Ferdinand-Jühlke-Straße 7
99095 Erfurt, Deutschland
produktsicherheit@kolibri360.de